城乡交通运输一体化
典型案例与实践经验（一）

交 通 运 输 部 运 输 服 务 司 审定

《城乡交通运输一体化典型案例与实践经验（一）》编写组　编著

人民交通出版社股份有限公司

北 京

内 容 提 要

本书全面梳理总结了第一批城乡交通运输一体化示范县 49 个县（市、区）推进城乡交通运输一体化建设的主要做法和取得的成效。全书分为全面协同发展篇、客货运输提质篇、跨业融合增效篇、科技创新助力篇四篇，以期为各地推进城乡交通运输一体化建设提供指导借鉴。

本书可供各地交通运输管理人员、城乡客货运输企业人员参考。

图书在版编目（CIP）数据

城乡交通运输一体化示范县建设实践与典型经验 . 一 /《城乡交通运输一体化示范县建设实践与典型经验（一）》编写组编著 .—北京：人民交通出版社股份有限公司，2023.11

ISBN 978-7-114-19113-8

Ⅰ . ①城⋯　Ⅱ . ①城⋯　Ⅲ . ①城市交通运输—交通运输管理——一体化—经验—中国　Ⅳ . ① F572

中国国家版本馆 CIP 数据核字 (2023) 第 224252 号

Chengxiang Jiaotong Yunshu Yitihua Dianxing Anli yu Shijian Jingyan（Yi）

书　　名：	城乡交通运输一体化典型案例与实践经验（一）
著 作 者：	《城乡交通运输一体化典型案例与实践经验（一）》编写组
责任编辑：	王金霞　屈闻聪
责任校对：	赵媛媛　龙　雪
责任印制：	张　凯
出版发行：	人民交通出版社股份有限公司
地　　址：	（100011）北京市朝阳区安定门外外馆斜街 3 号
网　　址：	http://www.ccpcl.com.cn
销售电话：	（010）59757973
总 经 销：	人民交通出版社股份有限公司发行部
经　　销：	各地新华书店
印　　刷：	北京市密东印刷有限公司
开　　本：	720×960　1/16
印　　张：	15.5
字　　数：	254 千
版　　次：	2023 年 11 月　第 1 版
印　　次：	2023 年 11 月　第 1 次印刷
书　　号：	ISBN 978-7-114-19113-8
定　　价：	80.00 元

（有印刷、装订质量问题的图书，由本公司负责调换）

编写委员会
Bianxie Weiyuanhui

主　编： 殷焕焕　解晓玲

副主编： 王　蔚　杨海龙　李　政　王　敏　祝　昭　陈　跃
　　　　　杨　涵

成　员： (排名不分先后)

傅晓娜	王　静	杜会民	吴登攀	王清林	王　建
赵建峰	王来昌	吴　威	刘李明	曹　炜	孙　军
徐云胤	张　屏	江炬森	王帮红	邱尚泽	章宏亮
曹延刚	孔迎知	李德旗	章治国	王功武	袁彩珠
罗能慧	耿言毅	余欣柯	袁慧华	陈向阳	刘　学
胡成龙	龙会军	罗继曾	苏钰桐	高　翔	赵胜杰
贾生荣	张　坤	沈忠立	陈新强	王冠军	杨　君
党　帆	刘应进	贺　钧	宋光明	肖先丹	徐昇东
张添翼					

前言
Qianyan

　　城乡交通运输是统筹城乡发展的纽带，在引领城乡协调发展、促进农村产业发展、支撑农业农村现代化建设等方面发挥着重要作用。推进城乡交通运输一体化，加强城乡交通运输统筹协调，补齐城乡交通基础设施和运输服务发展短板，推动交通公共设施向农村延伸、交通公共服务向农村覆盖，推动形成城乡统筹、资源整合、服务衔接的城乡交通运输一体化发展格局，使交通运输更多更好地惠及全体城乡居民，能够为畅通城乡经济循环，促进农业高质高效、乡村宜居宜业、农民富裕富足，加快农业农村现代化提供有力支撑，对全面推进乡村振兴战略、促进共同富裕、加快农业农村现代化具有重要的先行引领和服务支撑作用。

　　为加快推进城乡交通运输一体化发展，提升城乡交通运输公共服务水平，更好地满足人民群众出行和城乡经济社会发展需要，交通运输部于2017年起分批组织开展城乡交通运输一体化建设工程。以县级行政区为实施主体，通过典型引领，推动地方创新城乡交通运输发展思路，牢固树立一体化发展理念，以提升城乡交通基本公共服务均等化为目标，围绕基础设施、客运服务、货运物流服务、发展环境"四个一体化"，强化组织领导保障、建立完善体制机制、发挥部门协同合力、持续加大资金投入、完善配套政策措施，以点带面提升城乡交通运输公共服务均等化水平，为推动乡村振兴取得新进展、农业农村现代化建设迈出新步伐提供强有力的运输保障。

为做好城乡交通运输一体化建设工程经验交流推广，充分发挥示范引领和典型带动作用，更好指导各地推进城乡交通运输一体化发展，交通运输部运输服务司组织部公路科学研究院编制了《城乡交通运输一体化典型案例与实践经验（一）》一书，梳理总结典型案例推进城乡交通运输一体化建设的主要做法和经验成效，全书分为全面协同发展篇、客货运输提质篇、跨业融合增效篇、科技创新助力篇四个篇章，以期为各地推进城乡交通运输一体化发展提供指导借鉴。

编　者

2023年3月

目录
Mulu

一

全面协同发展篇

PART 1

1 北京市怀柔区：
纵深推进，全面激发城乡交通运输活力

一 基本情况

　　怀柔区位于北京城区东北部，全区总面积为2122.8平方公里，其中山区面积占89%。全区共有14个乡镇、2个街道办事处、284个建制村、35个社区，2021年末常住人口为44.1万人。近年来，怀柔区以首善标准落实主体责任，聚焦城乡交通基础设施建设、资源跨界整合和统筹协调管理，扎实推进城乡交通运输一体化示范创建工作，纵深推进25个建设项目，全力提升城乡交通运输均等化服务水平，助力美丽乡村和生态文明体系建设。

二 主要做法

（一）夯实基础，改善环境，完善城乡路网体系

　　一是推进乡村公路"窄路加宽"。完成了路基宽度低于4.5米且具备施工条件的路面加宽或设置错车道建设工作；推进安保设施全覆盖，完成治理14个乡镇全部隐患点92处、隐患里程51公里，进一步提升了乡村公路的道路安全水平；提高乡村公路路况水平，完成了中刘路、葛各庄路等20条道路共42公里的大修工程，所有乡村公路实现经常化列养，乡村公路路况水平进一步提高，乡村公路中等路率（PQI）持续保持在90%以上；加强乡村公路危病桥改造，实施了15座乡村公路危桥改造，全区乡村公路危桥比例已低于1.33%，达到北京市政府绩效考核标准中要求的危桥比例应低于1.33%的标准。

　　二是加快路域环境整治。按照交通标志前后500米基本无广告、基本无违法

建筑物、无穿越公路的设施、基本无违法非公路标志、路基路肩边坡基本无非植物、基本无摆摊设点现象、无打谷晒粮现象、公路用地范围内基本无堆积物等公路路域环境"八个无"标准，通过现场执法、加大处罚力度等措施，每月对违法建筑物、违法非公路标志等情况进行执法整治，推进路域环境治理。

图1-1　卜营路"窄路加宽"建设改造前后对比

（二）加密站点，优化服务，提升客运服务品质

推进怀柔南站综合交通枢纽（杨宋枢纽）、杨宋首末站、汤河口公交场站、怀密线公交场站规划建设，采用"一县一公司"方式，委托北京公共交通控股（集团）有限公司第七客运分公司承担怀柔区公交线路的日常运营、服务、组织安全管理工作。通过投放适合山区和平原镇乡道路的多样化公交车辆，实现了所有公交线路每天至少发二个班次的全域公交化运行。为进一步改善乘客候车环境，方便群众出行，怀柔区制订了一系列公交站亭建设计划，在京加路、怀长路、怀黄路等主要公交线路站点安装了公交站牌982块，建设完成了平原站亭55座、山区站亭29座和2处公交港湾停靠站，实现了区内有条件地区公交站亭全覆盖。

专栏1-1　怀柔区公交"村村通"

怀柔区宝山镇大黄木厂村地处深山区，距离怀柔城区83公里，四面环山，平均海拔600米以上。全村外出通道仅有1条2.5米宽的盘山水泥路，从309市道至村内共12公里的盘山路，被村民戏称为"山路十八弯"。因山路蜿蜒崎岖狭窄，局部路段路面层剥落，不具备通行公交车的条件，群众上下山、远途出行基本依靠自行车、摩托车或打车。在城乡交通运输一体化示范县创建工作的推动下，怀柔区交通局联合区财政局、住房和城乡建设委员会等部门，与北京公共交通控股（集团）有限公司第七客运分公司积极协商，完成了前期探勘、路线规划、防护墩和防护栏安装、落实车辆、驾驶员考核等一系列准备工作。同时，为准确掌握村民乘车需求，怀柔区交通局和北京公共交通控股（集团）有限公司第七客运分公司在发车班次、首末车时间、运营时间等方面，充分征求村民和镇政府意见，最终推出定制版班车。2018年11月20日，从汤河口到宝山镇大黄木厂村的H75路公交车正式通车。该线路全程约25公里，单程约40分钟，全程设7个站点，每日2个班次，每周一、周三、周六及周日4天发车。这一线路的通车，结束了大黄木厂村不通公交的历史，也标志着怀柔区284个建制村实现公交村村通。

图1-2　大黄木厂村开通公交车

（三）整合资源，跨界融合，完善农村物流服务

制定城乡货运物流一体化工作实施方案、农邮通示范点建设标准及验收考核办法，整合快递、邮政和电商资源，加强农村地区快递与电子商务的协同发展，在原村邮站基础上建立50个"农邮通"示范点，有效解决快件投递"最后一公里"问题，实现全区"乡乡有网点，村村通快递"，建制村农村物流服务覆盖率100%。畅通物流企业与农产品合作社的联系渠道，实现农产品第一时间分销。搭建京东商城中国特产怀柔馆电子商务平台，推动农副产品加工企业与电子商务企业协同发展，帮助农副产品走入市场，提高群众收入，助力脱贫攻坚。

图1-3 规范建制村物流服务标准

（四）统筹协调，精准施策，强化创建监督管理

编制创建工作重点项目任务书，突出创建工作重点，建立督查考核制度，由区政府对相关部门责任项目定期进行督查，并将城乡交通运输一体化纳入政府重点工作和年度工作目标。同时，加大财政保障力度，由区政府制定财政补贴政策，保障农村公路、农村客货运输、农村邮政、城市公交等城乡交通运输服务稳定运营，每年拨付全域公交运营补贴9600万元。运用"互联网+监督"的创新做法，搭建城乡交通运输一体化信息化监管平台，涵盖重点建设项目的历史上报记录、项目进度、会议记录、创建信息等模块，对创建工作实施精准评估和动态监管。由怀柔区城市管理委员会、住房和城乡建设委员会、商务局等主要责任单位按月进行项目进度填报。平台提供数字化和可视化展示，实现了创建工作精准评估和动态监管，为创建工作管理和决策提供了科学全面的信息支撑。

图1-4 城乡交通运输一体化示范区创建监管平台

三 取得成效

（一）畅通了城乡客运服务网络

怀柔区依托城乡交通运输一体化示范区创建工作，完成怀密线公交场站建设项目，通过市郊列车怀密线（S5线）实现北京市区直通直达，打通了雁栖湖国际会都对外交通网络，开通了中国科学院大学至地铁望京西站的定制公交，打通了怀柔科学城交通大动脉，实现了入驻科研院所、中国科学院大学师生与地铁望京西站的接驳连通，缓解了怀柔科学城内各院所科研人员前往市区的出行不便，实现了与中心城区快捷高效联络。

（二）支撑了美丽乡村建设

借助城乡交通运输一体化示范区创建工作，怀柔区加快农村公路条件改善和安全隐患治理，为推动打造高品质美丽乡村和乡村旅游提质升级奠定了基础。随着交通基础设施和出行条件的改善，2019年怀柔区成功创建国家首批全域旅游示范区，新建精品民宿数量居北京市首位，渤海镇六渡河村获评"2019年中国美丽休闲乡村"，九渡河镇黄花镇村、怀北镇河防口村荣获第九批"全国'一村一品'示范村"，渤海镇北沟村和喇叭沟门乡中榆树店村入选首批"全国乡村旅游重点村"。

（三）助力了生态文明建设

通过加快路域环境整治，实现了农村公路"八个无"管理效果，实现了基础设施建设与历史文化、自然山水和经济社会高效融合，为打造以生态涵养为核心，林水相依、林路相依、林居相依、森林围城、绿意满城的高品质生活环境提供了保障，为助力城市森林生态体系建设，推动怀柔区生态旅游发展，推动农民增收提供了支撑。2019年，怀柔区吸引游客850万人次，旅游收入达79亿元，同比增长9.6%，生动践行了"绿水青山就是金山银山"的理念。

2 河北省平泉市：
"路站运邮"全方位发展，探索城乡融合新模式

一　基本情况

平泉市地处河北省东北部，河北省、辽宁省、内蒙古自治区交界处，市域总面积为3294平方公里，下辖15个镇4个乡、1个街道办事处、238个建制村，2021年末全市户籍人口为47.3万人。平泉市委、市政府坚持把城乡交通运输一体化作为加快城乡融合发展的首要任务和实施乡村振兴战略的重要途径，通过高标准规划、高强度投入、高质量服务、高水平融合，探索实践了城乡融合、交通先行的"平泉模式"。

二　主要做法

（一）高标准规划，突出规划引领"一张图"

平泉市高度重视城乡交通运输整体规划和与其他相关规划的总体协调，结合"一心、四极、八十个中心村"的国土空间规划格局，强化城乡融合发展的规划体系和政策体系，2019年编制了《平泉市综合交通运输规划》《公共交通发展专项规划》，确定了以市区为中心、以4个中心镇为节点、辐射238个建制村的公共交通网络体系。制定了"四好农村路"推进工作实施方案、加快推进公共交通事业发展的实施方案、城乡道路客运一体化公交全覆盖实施方案，将城乡交通基础设施建设用地全部纳入城乡规划，优先予以保障，实现了"多规合一""多规协同""一张蓝图绘到底"。

（二）高强度投入，实现硬件设施"一条龙"

推进一批重大基础设施项目建设，为平泉市"三区一城（京津冀水源涵养功能区、全国可持续发展创新示范先行区、国家城乡融合发展试验区和京津冀世界城市群生态城市）"发展定位提供支撑。在示范县创建期间，平泉市深入推进"四好农村路"建设，累计投资5.1亿元，高标准完成农村公路818公里、桥梁49座、安保工程313公里，238个建制村主街道硬化率达到100%，84个贫困村的通村及村内主要道路全部硬化，县乡公路生命安全防护工程全覆盖，县级公路东北线和乡级公路七崖线被确定为全国农村公路安全生命防护示范工程；累计投资超过2亿元建设公交枢纽站1个、公交首末站5个、港湾式候车亭234个，城乡公交车全部实行专区发车、进站管理；累计投资21亿元，建设1个市级仓储物流配送中心、6个乡镇级仓储物流配送中心、13个次级乡镇级物流配送中心、238个村级服务站，建设了电子商务公共服务中心和农产品电商集配中心，实现了城乡之间的人流、物流、资金流、信息流互联互通。

（三）高质量服务，打造特色公交"一面旗"

坚持"政府主导、城乡一体、公车公营、全域覆盖"发展思路，按照"因地制宜、规划引领""试点先行、重点突破""有序衔接、全面推进"的城乡公交一体化"三步走"路径，以打造"畅达、高效、智能、绿色"公交品牌为发展目标，连接观光旅游、生态保护、村镇建设等全域性经济社会活动，科学规划城乡公交线路、站点，打破城乡"二元"分割，推广大密度发班、低票价收费、智能调度、多方式支付乘车的运营方式，实现了城市公交、城乡公交、镇村公交三级联网和一体化运营，打造了"出门有路、抬脚上车"的"平泉模式"。

（四）高水平融合，织就城乡覆盖"一张网"

探索农村物流发展新机制，协同推进交通运输、农业、供销、邮政融合发展，统筹规划利用农村物流资源，通过邮政快递融合发展、开展业内合作等方式，打造空间优化、产业融合、特色鲜明的农村物流产业，形成"场站共享、服务同网、货源集中、信息互通"的农村物流发展新格局。创新"客货联运"模式，充分发挥公交城乡全覆盖的网络优势，通过"电商下乡+城乡公交"将客货运输有机结合，打通农村物流"最后一公里"，使货物流通更加顺畅。

图2-1 "村村通"公交

图2-2 村级物流电商服务站

三 取得成效

（一）加快脱贫攻坚，铺就全面小康"致富路"

按照"公路随着产业修，产业沿着公路摆"的思路，实施了近抓食用菌、设施园艺等"短平快"产业，远抓林果等长周期产业的"近远结合"脱贫战略，形成了投入零成本、经营零风险、就业零距离的"三零"扶贫模式，"三零"食用菌产业精准脱贫模式被列入"全国十大产业扶贫范例"，依托便利完善的农村公路，累计发展了百亩❶以上"三零"模式园区112个，实现84个贫困村全部出列，直接带动27189名贫困群众全部脱贫，人均年收入突破1万元。

（二）提升路域环境，铺就生态乡村"文化路"

平泉坚持把历史文化、景观特色与公路日常养护相结合，大力推进绿化廊道工程，"十三五"期间，累计实施农村公路田路分家1200公里、街道化治理"小城墙"工程290余公里，建设了一批具有鲜明地域文化特色的停车港湾和文化走廊，打造了一路一景、路景相融的景观大道，推动了农村公路向文化型、生态型转变。截至2020年底，重点干线公路、旅游公路沿线建起特色农家院达100多家，北京、内蒙古、辽宁等地游客日益增多，全市旅游综合收入达55.7亿元。

图2-3　农村公路路域文化

（三）打破城乡壁垒，铺就经济优质"惠民路"

平泉市城乡公交全部采用阶梯票价、分段计费的方式，群众出行费用较原来的农村客运班线平均降低50%，每年可为城乡群众节省出行费用2000万元以上，受惠群众达40余万人。同时，城乡公交发车频次由原来的平均每2小时1个班次，缩短至高峰期每10分钟1个班次、低峰期每40分钟1个班次，出行人员比过去增长

---

❶　1亩约合666.67平方米。

了3~4倍，对城乡融合发展起到了极大带动作用。以南部区域最远的梓椤树镇为例，到市区60公里的行程，单次乘车费用由改造前的16元/人降至8元/人，使群众的出行成本大大降低，受到了群众的一致肯定。

（四）打通物流通道，铺就偏远乡村"幸福路"

通过规划建设电商产业园、邮政快递园，吸引了9家电商企业和11家快递企业入驻园区运营，打造了以华北物流园区为载体的物流、电商产业融合发展模式，建成了统一保管、统一配货、统一送货的高效、低成本的三级物流配送体系，进一步畅通了工业品下行和农产品上行渠道，降低了物流费用。快递送到村口，特产就近配送，助力电商直播"带货出村"。2021年，平泉市本地产品网上零售额突破1.1亿元，物流吞吐量达到2225万吨，有效带动了电子商务与物流业融合发展。

3　吉林省通化县：
强化制度体系建设，推进城乡交通运输一体化

一　基本情况

通化县位于吉林省东南部，总面积为3724平方公里，截至2021年底常住人口为24万人，辖5乡10镇，共有153个建制村、25个社区，是长白山区通往沈阳、大连和长春的重要出口，素有"长白门户、辽吉咽喉"之称。近年来，通化县将城乡交通运输一体化建设作为城乡建设的重要抓手，强化城乡交通一体化制度保障，大力推进适应经济社会发展需要、与城乡发展和生态环境相适应的城乡交通运输体系建设。

二　主要做法

（一）强化互联互通，稳步提升基础设施一体化水平

通化县不断加大公路网建设力度，加快修缮和改造农村公路桥梁、增设安保工程建设，加快推动乡镇、建制村通硬化路建设及交通客运枢纽、候车亭建设，积极推进城乡交通基础设施互联互通，形成了以国省道为骨架、县乡两级公路为支干、村道为支线的路网格局。在示范县创建期内，通化县开展了"'四好农村路'提质工程""干线公路优化工程""桥梁及安保改造工程"，重点改造农村公路24条，优化干线公路3条，建设完成独立桥梁5座，改造危桥36座，治理隐患里程190公里，全面提高了农村公路技术等级、承载能力、服务水平及交通运输效率，城乡交通运输基础设施一体化水平稳步提升。

图3-1　农村客运候车亭

（二）加大监管力度，大力提升城乡客运一体化水平

在示范县创建期间，通化县积极推进"线网优化工程"和"运力增设工程"，新增城区公交线路2条、城乡公交线路5条，延伸城区公交线路2条，增加和更新城区公交车辆15辆，增加城乡公交车8辆，形成了层次分明、衔接顺畅的城乡客运网络。建制村2公里范围内农村客运站点（俗称"招呼站"）覆盖率达到100%，建制村城乡公交、农村班线通达率达到100%。全县所有农村客运车辆均采用公车公营模式管理，由通化市长途客车有限公司统一管理、统一售票、统一发车、统一结算。城乡客运车辆全部安装车载监控设备，城乡公交车辆监控覆盖率达到100%，城乡客运企业安全管理制度不断健全，城乡客运安全管理水平稳步提升。

（三）注重制度建设，加快完善货运物流底层服务体系

在示范县创建期间，通化县制定了农村物流三级网络节点体系发展规划，出台了农村物流三级网络节点体系发展实施方案，积极开展农村物流快递体系标准化建设，完成了4个县级农村物流中心、15个乡镇农村物流服务站、161个农村物流服务点建设，探索了差异化和多样化的县、乡镇、村三级城乡物流发展模式，解决了农产品出村"最初一公里"和快递进村"最后一公里"的难题。通过支持县乡客货运站场建设，增加了通化县客运站等10个客运站货运服务功能，开展了"客货同站"工作，实现了节点资源节约利用，提高了城乡物流网络节点覆盖

率。实现了各乡镇的农村物流服务站全覆盖和各村的快递入村服务全覆盖，为推动传统农业转型升级、推进城乡融合奠定了坚实的基础。

（四）探索融合发展，推动资源整合服务经济发展

通化县积极推进城乡交通运输与邮政、快递、电商、旅游融合发展，以邮政现有网点、邮站、网络为依托，针对当地特色产品，交通、邮政共同整合双方运力资源，通过客运代运等模式实现邮件的短途、多频次运输作业，提高运载能力。积极建设了"互联网+交通运输+邮政+三方运力"的总体组织模式，完成了"交通运输+邮政+电子商务"与"交通运输+邮政+特色农产品"的支撑模式，制定了城乡高效配送试点建设实施方案，开展了农村电子商务物流整合工作，推动了商贸流通、交通运输、邮政快递和第三方物流企业向农村延伸服务网络，拓展了农产品上行物流通道，实现了"工业品下乡""农产品进城""电商扶贫"和"快递下乡"。通过行业融合，实现了城乡物流配送高效运输，创新了农村物流运营模式，增强了脱贫攻坚战的支撑保障。此外，通化县积极利用农村客运班车捎带邮件、快递，实施了"快递+特色农产品"工程，引导快递企业到农产品种植基地开展上门服务。

图3-2　农村客运车辆捎带邮件快递

三 取得成效

（一）提高了交通运输与城乡融合发展的适应性

通过城乡交通运输一体化示范县创建，基本形成了结构优化、布局合理、协调互补的城乡交通基础设施网络，建立了高效优质的城乡交通运输服务体系，形成了高度融合的城乡交通运输一体化格局，客货运输安全性、便捷性、舒适性得

到持续提升，社会公众认可度和满意度得到显著增强，建成了适应通化县经济社会发展需要、与城乡发展和生态环境相适应的城乡交通运输体系，形成了东北老工业基地特色的县级城市建设与发展创新模式，城乡交通与城市发展实现了良性互动，有力支撑了乡村振兴发展。

（二）实现了交通基础设施和运输服务的双提升

通过示范县创建工作，通化县农村公路技术等级、承载能力全面提升。农村公路等级路水平显著提升，所有农村公路均为四级以上公路，农村公路优良中等路率超过80%，农村公路应设置安防设施路段实现安防设施100%设置。城乡交通运输公共服务均等化水平得到明显提升，客货运输场站一体化水平明显提升，有力支撑了城乡要素自由流动，带动了城乡共同繁荣与发展，为人民群众提供了物美价廉的运输服务，让人民群众更有获得感、幸福感、安全感。

（三）助推了传统产业转型和新兴产业培育发展

通化县实现了建制村农村物流服务网点100%覆盖，形成了以城区为中心、以乡镇为节点、向村组辐射的县乡村三级物流网络，有效推动了城乡交通运输与供销、旅游、电商等资源共享，实现了优势互补和融合发展，助推了医药健康支柱产业和"互联网+"优势产业发展，促进了数字技术与实体经济、城市建设、脱贫攻坚的全面融合。

4 江苏省宜兴市：
路站运全面发力，共谱乡村振兴新篇章

一 基本情况

宜兴市地处江苏省西南端，苏、浙、皖三省交界，市域面积为1997平方公里，2021年末常住人口为128.7万人。宜兴市农村面积占市域面积的3/4，农村人口约占全市总人口的一半，是无锡乃至苏南地区最大的农业板块。近年来，宜兴市以"为民、便民、利民"为出发点，坚持城乡统筹、资源共享、路运并举、客货兼顾、运邮结合，全力推进城乡交通运输一体化发展，致力让人民群众共享交通运输改革发展成果。

二 主要做法

（一）提升城乡交通运输通达便民水平

一是加快完善农村公路网络。宜兴市农村道路提档升级及农村危桥改造工程起步较早，2014年至2019年期间，每年投入2.5亿元资金，共升级改造农村公路758公里，累计投入资金37.5亿元，新修建了一批高等级农村公路。目前，宜兴市农村公路总规模达到3710公里，双车道四级公路占比已经达到56%，农村公路等级路率、列养率均达到100%，优良中等路率达到98%以上，全面消除了"断头路"、疏通了"瓶颈路"、拓宽了"乡间路"，拥有1个国家级农路管养示范镇、4个省级农路管养示范镇。

二是构建农村物流全覆盖节点体系。通过交邮资源互补、节点共建共享，在示范县创建期间，宜兴市建立了三级农村物流节点体系，包括5个县级农村物流

服务中心、70多个乡镇农村物流服务站、232个村邮站和600余个"邮乐购"，实现了全市215个建制村村级农村物流节点全覆盖，村邮站均具备快递包裹收寄、信息查询、电商服务、便民服务等功能，统一服务标志标识，提升了农村物流形象和服务水平。

图4-1 宜兴市县级物流服务中心

三是不断优化城乡公交服务网络。 早在2011年，宜兴市在江苏省内率先实现镇村公交"村村通"，2013年全面实行城乡公交一体化运作，2014年推动实行城乡公交运行"准点行动"。截至2021年底，宜兴拥有三级以上汽车客运站3座、公交场站33座，城乡公交线路140条、线路里程2600多公里，配置公交车965辆，实现了城市建成区公交站点500米和建制村镇村公交全覆盖。

四是坚持让利惠民。 宜兴市农村地域广阔、群众居住分散，城乡公交运营成本相对较高，但宜兴市公交服务始终坚持低价运行、让利于民。近年来物价上涨、成本上升，宜兴市仍坚持服务提升、票价不升，持续加大公交运行财政补贴力度，城市公交实行"1元、2元"季节浮动票价，城乡公交票价实行"2元、3元、4元"低票价收费，实行老年人、儿童、残疾人、现役军人等群体折扣或免费乘车政策，积极推行刷卡优惠，以实实在在的行动惠民利民。2016—2020年城乡客运财政补贴资金分别达到5685万元、6498万元、7700万元、9069万元、9100万元，补贴资金保持逐年增长。

（二）创新城乡交通运输服务模式

一是创新城乡客运服务模式。 宜兴市打破以乡镇为单位的镇村公交线路开通模式，以相邻几个乡镇为片区统筹优化调整，并根据农村赶集和节假日居民出行需求设置临时发车点。同时，在宜兴至竹海风景区、善卷洞风景区、官林客运站等三条线路上采取了"大站快车"运营服务模式，开通了宜兴至万石的"定制快速公交专线"和实验中学南校区学生公交专线等，满足了不同群体出行需求。

二是打造智慧城乡公交服务。宜兴市结合城市公交的运行特点和发展需求，建成公交智能调度系统，推出"宜兴享出行"掌上公交App使广大乘客能够及时掌握公交营运动态，合理安排好出行计划，方便市民出行，并试点推广移动支付，实现了"江苏交通一卡通"互联互通。与此同时，宜兴市加快推进公交电子站牌建设，已建成公交电子站牌128个，主要公交走廊电子站牌覆盖率实现100%。

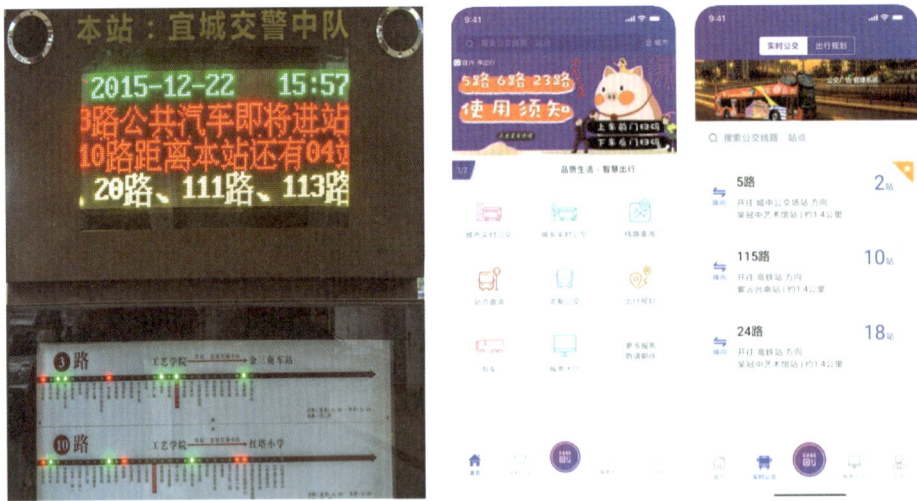

图4-2　宜兴市公交电子站牌和"宜兴享出行"App

三是创新城乡物流配送模式。为了满足多样化高效配送需求，宜兴重点物流企业通过建设一站式农产品精品加工与智慧冷链配送中心，创新采用"农超对接""农企对接""直营店销售""线上网络销售"等"产地直供直销"运营模式，实现上午采摘、下午进家高效配送；为适应集中化、规模化种植，推行了农资直配种田大户的模式，减少中间环节，最大程度让利农民，打造了农资农产品运销一体化模式。

四是创新城乡客货同网、交邮融合发展模式。为了拓展交邮的合作方式，宜兴市探索利用农村客运班次频繁、时间稳定、网络覆盖广的优势，推广农村客车代运邮件快件，降低末端配送成本，提高农村客运经营效益。通过邮政分公司与华汇农业等开展合作，村邮站为华汇农业提供农产品代收上行节点，华汇农业为村邮站提供已检农产品配送销售服务，搭建快捷物流通道。

专栏4-1　宜兴市客货同网、交邮融合发展模式

杨巷镇位于宜兴市最西边，距离市区远，快递配送成本高，2020年之前很多村民在家都收不到快递，要去镇里取。2020年，宜兴市开展乡镇运输服务站改造工作，在原有杨巷客运站的基础上，增设农村物流功能，通过整合韵达、中通、圆通、申通等快递资源，打造杨巷乡镇运输服务站共同配送中心，将县级配送中心至杨巷镇范围的快递统一由韵达快递进行配送。为进一步服务为民、推进交邮融合，宜兴市以杨巷客运站为试点，在镇村公交318路运营的2辆车上增设快递周装箱，对318路沿线及终点站城典村站周边进行改造，增设快递柜，由韵达快递运营，开展镇村公交代运快递，频率为每天2~3次，运作情况良好，有效降低了末端配送成本。

图4-3　宜兴318路公交车代运邮件快递

（三）增强城乡交通持续健康发展动能

宜兴市依托丰富的旅游资源，大力打造旅游风景道。张灵慕线成功入选首批

"江苏省旅游风景道"，全长12.63公里，连接了张公洞、玉女潭、灵谷洞、慕蠡洞和竹海等多个国家级风景区，成为无锡地区唯一入围全国"十大最美农村路"的农村公路，带动了产业、生态、旅游融合发展，打开了乡村振兴的新画卷。

三 取得成效

（一）有效保障人流货流畅通

宜兴市农村公路实现了建制村和主要自然村全覆盖，部分农村公路成为物流通道、旅游热线，为地方经济发展、农民增收致富引来源头活水。城乡公交不仅实现了建制镇"镇镇有站"，还覆盖了各大被撤并集镇和人口密集区；线网服务触角遍及宜南山区、平原圩区、太湖渎区，人民群众10分钟之内进入公交网的愿景成为现实。基于完善的三级物流节点体系，宜兴主要品牌快递建制村直投率达到100%，物资"下乡进城"更加便捷。通过运输模式创新，配送效率较创建前提高了23%，平均配送成本较创建前降低了16%，有力促进了农村居民增收致富，农村居民人均可支配收入增幅始终高于城镇居民。

（二）有效服务旅游发展

通过城乡交通基础设施建设，宜兴市主要的景区景点、乡村旅游点、美丽乡村、特色田园乡村实现了有机串联，达到了"串点、成线、连片"的效果，有力地促进了全域旅游发展。同时，全方位实施特色农村公路品牌工程，在南部山区建成了一批美丽乡村旅游线路，其中张灵慕线作为江苏首批省旅游风景道，串起了张公洞、玉女潭等景区景点，吸引了一大批项目落户。张阳村、洑西村等美丽乡村，已经成为广大游客到宜兴旅游必去的"网红打卡地"，带动了宜兴全域旅游发展。宜兴市入选"2018年度中国十大全域旅游示范市"。

（三）有效支撑产业发展

围绕更好地"让资本走进来、让产业走进来"，宜兴市持续加强重点区域的路网布局、建设力度，吸引更多工商资本投资农业农村、旅游项目、养老项目，雅达集团、灵山集团等一批知名企业成功入驻，为乡村发展注入了新的活力。此外，宜兴市还利用其地处苏浙皖三省交界的区位优势，积极发展物流产业，成功引进网营物联等优质项目，在农资、农产品、消费品、生鲜产品等运输领域，培育形成了汇全物流、天信农资等农村物流龙头企业。汇全物流配送范围辐射至苏南大部分地区，配送半径约为500公里，天信农资在全市拥有100多个直销种田大户、20家分销点，服务面积达7万多亩，农资物流覆盖全市80%以上的乡镇。

⑤ 浙江省桐庐县：
水陆并进，构建城乡一体交通运输体系

一 基本情况

桐庐县位于浙江省西北部，为杭州市下辖县。县域总面积为1825平方公里，辖4个街道、6个镇、4个乡，37个社区、181个建制村，2020年末常住人口为45.3万人。围绕更好地满足人民群众美好出行愿景和城乡经济发展需要的目标，近年来桐庐县加快推进城乡交通基础设施建设、提升一体化发展水平，先后荣获了"四好农村路"全国示范县、浙江省首批万里美丽经济交通走廊示范县、浙江省美丽公路建设示范县、浙江省美丽乡村示范县、浙江省全域旅游示范县等称号。

二 主要做法

（一）织好"四张网"，加快交通基础设施建设

一是围绕总体规划，完善城市路网结构。先后建成白云源路、城南路、乔林路等城区道路，完成富春江三桥、新龙线城乡道路建设，柴雅线、疏港公路（320国道复线）、23省道窄溪至麻蓬段等城乡道路开工建设。有序推进县城西环线、北环线工程，完善富春山健康城、富春未来城等平台配套路网。加快拓展外联道路，建成杭黄铁路桐庐站，推进湖杭连接线、杭义温铁路建设，加快谋划杭淳开高速公路、宁义宣高速公路桐庐段项目。

二是建设"四好农村路"，畅通城乡路网循环。开展"四好农村路"建设三年行动，完成农村公路路面改造260公里，提升改造423公里，联网公路131公里。建成美丽经济交通走廊364公里，美丽公路550余公里，新建及维修桥梁57

座，乡道以上临水临崖路段安全设施覆盖率100%，新建沿江绿道130公里，形成"四横、四纵"绿道总体布局。

图5-1 桐庐县"四好农村路"

三是着眼便民出行，完善公交线网布局。在示范县创建期间，桐庐县更新公交车300余辆（其中新能源公交车213辆），实现城区新能源公交车全覆盖。加快升级公交配套设施，新改建客运站2个、公交站亭180个、港湾式停靠站100处、候车站牌1800块，286辆城乡公交车实现语音报站，新增公交线路24条、调整优化公交线路15条；完成智能公交投入2300万元，建设智能站亭180处。

四是加强通航保障，升级水上交通网络。扩建改造富春江船闸，完成桐庐南方和红狮水泥码头、旅游码头、桐庐应急锚地等工程建设；推进富春江、分水江航道提升整治工程，全面提升富春江至三级航道，将分水江提升至五、六级航道。开通《富春山居图》实景游三条水上旅游航线（"诗画富春江""古韵富春江""夜游富春江"）。近三年来，桐庐辖区通航船舶达10.9万艘次，富春江船闸通航船舶达6.9万艘次，安全运输旅客76.1万人次，码头（港口）吞吐量达2335万吨。

图5-2 富春江船闸

（二）打造"三条路"，不断提高客运服务质量

一是深化客运改革，打造百姓出行"通畅路"。按照"全域覆盖、城乡一体、无缝对接"的原则推进城乡道路客运一体化改革，实现区域化经营和公司化运作。形成了以城市公交、城乡公交为纽带，以乡镇区域公交为补充的发展格局，基本建立以县城为中心的"1小时交通圈"，年服务人次突破2500万。

二是聚焦提质增效，打造城乡共享"幸福路"。出台公共交通运输服务质量考核办法，设立公共交通运输服务质量考核奖励资金，对规范经营、服务质量明显提升的企业进行奖励，促使客运企业和从业人员主动提升服务意识、提高服务水平。持续推出惠民举措，全面推行刷卡优惠政策，公交刷卡率达90%以上，实行"12公里范围内1元起步，全县范围内5元封顶"票价；70周岁以上老人、盲人及伤残军警等人群除免费乘坐城区公交外，还享受每年120元/人的城乡公交乘车补贴，实现了同城同待遇，群众满意率逐年提升，公交出行分担率和公交服务满意率分别达到20%、92%。

三是优化线网布局，打造乡村振兴"致富路"。对偏远山区距最近农村客运站点2公里以上、具备客车通行条件的87个自然村开通乡镇环线公交7条，延伸、优化线路38条，实现了全县较大自然村通车全覆盖，惠及群众4万余人。同时，城乡交通"微循环"不断畅通，有效推动沿线各地美丽乡村游、农家乐、民宿经济等发展。

图5-3　环线公交、旅游公交环线

（三）不断提升物流发展水平

一是聚焦重点扶持领域，助力物流快递企业发展。桐庐县以物流中心建设、

龙头企业培育和物流信息化为重点,通过政策扶持、资金补助等举措,建成县级物流中心园区和快递集采中心。截至2021年8月,快递集采中心入驻供应商172家,采购商825家,实现交易额96.9亿元,成为省级物流示范县综合改革创新试点。同时,加大圆通快递、申通快递、中通快递与韵达快递"三通一达"快递项目招引力度,中通云谷项目、申通国际总部、韵达全球科创中心、圆通国际工程实验室等快递产业项目全部落户并开工建设,总投资额达130亿元。

二是聚焦物畅其流,实现城乡高效配送。桐庐城市快递集运中心项目开工建设,规划用地60.5亩(约合4万平方米)、总投资2.4亿元,在县城建设"桐庐生活埠头"智能快件箱29组、第三方快递服务站点40余个、快递智能柜300余组,实现县城区域智能快递网点全覆盖;全县182个建制村农村物流网点100%覆盖,建设村邮乐购站点350个、村级农村淘宝服务站208个,2020年底实现"快递驿站·建制村全覆盖";成立了"安厨·桐庐"标准示范点,与当地农户进行深度合作,有效解决了鲜活农产品"最后一公里"的落地问题。

图5-4 桐庐快递物流示范项目

三 取得成效

（一）"美丽出行"路网设施不断完善

桐庐县致力于将"四好农村路"作为擦亮城市品牌的惠民工程，打造浙江省"美丽公路"建设样本，在县域内形成了以"美丽公路"为亮点、旅游航道为特色、生态绿道为保障的美丽出行设施布局，日趋完善的交通基础设施为人民日益增长的美好生活需求提供了保障。

（二）人民群众出行条件明显改善

基本形成了以城区公交为一级网络枢纽，覆盖四大农村客运区域的二、三级城乡客运网络，实现了建制村和较大人口规模自然村服务广泛覆盖，为桐庐县城乡交通的统筹发展奠定了坚实的基础。配套服务设施基本齐全，乘车候车环境逐步完善，港湾式停靠站广泛普及，零距离换乘体系逐步推广，站点乘车接驳体验稳健提升。交通惠民举措全面落实，公交同城待遇基本实现，通过政府购买服务，以财政补助形式实现了"票价下调、服务优化"的目标。

（三）农村物流服务水平显著提升

桐庐县在实现建制村直接通邮比例、具备条件的乡镇快递服务网点覆盖率、具备条件的建制村通快递比例三个指标达到100%基础上，进一步加密农村物流服务网点，累计新建村级农村物流服务点181个，新建乡镇级精品物流服务点2个，改建乡镇运输服务站1个，推进农村物流高质量发展。同时，利用邮政服务网点和农村淘宝网点，积极采用"合二为一"的方式整合相关资源，创新农村物流电商模式。

6 福建省石狮市：
客货服务新提升，公路管养新升级

一 基本情况

石狮市北临泉州湾，南临深沪湾，东与台湾岛隔海相望，西与晋江市接壤，是商贸之都、服装名城、海丝窗口、海洋强市。全市陆域面积为160平方公里，海岸线长64公里，现辖7个镇、2个街道，102个村、25个社区，2021年末常住人口为68.9万人。近年来，石狮市坚持服务中心、项目优先，扎实开展城乡交通基础设施建设，持续提升公交服务水平、推进城乡货运物流服务体系建设，基本形成全域一体、功能完善、公共服务水平较高的现代化城乡交通运输网络体系，为服务人民群众便捷出行和城乡经济社会协调发展提供了重要支撑。

二 主要做法

（一）综合发力，公交服务全面升级

一是推进公交体制改革。石狮市立足较为成熟的城乡一体化、全域城市化实际状况，在村村通公交的基础上，着力在体制改革、硬件建设、软件提升等方面同时发力，推进交通出行服务全方位升级。实施公交国有化改制，推动泉州市交发集团下属石狮市公共交通运输有限公司收购民营企业石狮市顺荣城市公交有限公司，构建起政策统一、运作高效、利益协调的一体化城市公交体系。

二是提升公交服务品质。引入公交服务质量考核，把公交服务质量、安全生产经营情况与财政补贴挂钩，倒逼公交企业规范经营管理、提升服务水平。根据

城市建设、片区改造、产业布局等实际情况，持续对公交线网进行优化调整，提升公交服务覆盖面。自2017年以来，石狮市分三批推进传统能源公交车辆更新换代，2021年新能源公交车占比达100%。目前，石狮市共有公交首末站6座、公交候车亭537座，投用新能源公交车186辆，开通公交线路25条，做到平均每5分钟1班公交车、出门500米即可上车、5分钟内即可换乘。

三是构建"三位一体"交通出行体系。开通两条"社区巴士"线路，分批更新152辆电动公交车辆，公共自行车新增二期50个站点，并对一期2640辆旧车升级换代，基本形成以常规公交为主、以社区巴士为辅、公共自行车解决"最后一公里"的城乡交通出行服务体系。

四是持续推进惠民利民政策。全面推行集成电路卡（IC卡）优惠票价制，（在示范县创建期间共减免700万元），并投入74万元为老人购买乘车意外伤害保险。从2019年起，取消夏季每次1元的空调费，每年可为市民节省交通费约240万元。

（二）整合优化，城乡物流无缝衔接

一是优化物流区域布局。石狮市在率先实现三级物流网络覆盖全市所有建制村基础上，进一步优化物流节点和运输资源，将三级整合成两级，形成5个市级物流中心、151个村级节点的两级物流网络体系，实现了城乡节点间1小时双向通达。2019年，成立石狮邮政管理局，使邮政管理工作向下延伸，有效提升了行业管理水平。

二是积聚物流发展势能。加大政府扶持力度，累计补助5282.2万元，培育物流企业113家，建成全体系品牌覆盖的快递网络体系，深拓快递"下乡"工程，在册快递网点超100个，村民步行1000米内即可收寄快递，快递业务量位居福建省全部县级区域第2名。

三是加快推进行业整合。大力推进客运、公交、快递融合，由石狮客运中心站、服装城汽车站等将闲置场地租赁给石狮市新达中通货运代理有限公司、泉州顺丰运输有限公司石狮分公司，依托客运站点闲置场地建立县级快递物流站点，利用客运站点的交通便利有效提升了快递物流行业的配送效率。

图6-1 服装城汽车站快递站点

四是深化产业联动。引导快递业与制造业相互依托，形成以仓配一体化为突出优势的快递服务制造业典型模式，如京东泉州卡宾KA仓配置了一套目前国内顶尖的仓储管理、订单管理及分拣运输系统，极大地提高了工作效率、降低了仓配成本，2020年"双十一"期间日均出库达6万单。推动物流业与港口经济、电商新业态互为配套发展，布局建设海西（石狮）电子商务园区、青创城国际网批中心、普洛斯（石狮）物流园等20多家大型物流园区，年交易额超过700亿元。

（三）建管分离，建养水平不断提升

一是实行"建管分离"。针对交通基础设施"重建轻管"问题，石狮市以机构改革为契机，将原来归属于交通运输主管部门的交通基础设施建设管养监督管理职能一分为二，把交通基础设施建设的监督管理职能保留在交通运输主管部门，把交通基础设施管养的监督管理职能划归城市管理部门，在福建省第一个实行"建管分离"，推动政府部门之间互相监督、互相促进。

二是市场化养护。石狮市将全市公路、桥梁养护推向市场，通过政府购买服务的方式委托专业企业承包，做到路面清障、零星路面修复、交通安全设施设置与路面较大修复等养护项目分类限时完成；推动全省第一例环卫一体化政府与社会资本合作模式（Public Private Partnership，PPP）项目落地，实现由一家集成服务供应商负责涵盖道路环卫保洁、绿化管养在内的全品类环卫服务，2020年全市县道路面质量指数（PQI）高于90%，养护水平位于福建省前列。

三是智能式监管。2018年，石狮市在福建省率先开展农村公路实景信息普查工作，建立专题数据库和实景电子地图，启用集道路巡检、信息采集、灾毁保险、应急处理、学习培训等为一体的"智慧路长"平台和App手机应用端，全面推行农村公路路长制和联合执法机制，建立信息化主导、人工辅助的农村公路管理模式。

三 取得成效

（一）内联外通，城乡路网全城畅顺

紧扣泉州环湾同城、全域一体发展，石狮市形成了内联外通、城乡一体、均衡分布的城乡交通骨干通道，以及完善的城市片区、专业市场、产业园区、港口码头和沿海五镇交通网络体系。城乡路网建设、管养标准趋同市政道路，城乡道路功能日趋完善，实现了市中心10分钟上高速公路、20分钟到达任一镇村、30分钟内全市全域通达。

（二）三位一体，公众出行更加便捷

石狮市对全市公交线网重新优化并运行新线路图，使所有建制村全面通达公交车，实现了公交候车亭步行5分钟全覆盖。探索开通"社区巴士"，多元化运营服务模式探索取得初步成效，"常规公交+社区巴士+公共自行车"的城乡交通出行服务体系基本形成。

（三）双向布局，货运物流全域通达

依托各镇（村）特色产业，深拓快递"向下"工程，健全了农村快递末端网络，打通了"农产品进城、工业品下乡"的双向快递通道，建成151个村级物流节点，使7个乡镇101个建制村覆盖率达100%，实现了货运物流城乡双向1小时通达、村民快递收寄1000米全覆盖，彻底解决"最后一公里"问题。

7 广东省阳西县：
创新运营模式，提升运输服务

一 基本情况

　　阳西县位于广东省西南部沿海，区域面积为1435平方公里，下辖8个镇、138个建制村，2021年末常住人口为43.66万人。阳西县统筹协调推进城乡交通运输一体化示范创建工作，加快推进城乡交通运输基础设施一体化建设、城乡客运服务一体化建设、货运物流服务一体化建设，助力全县脱贫攻坚和乡村振兴战略，实现城乡交通运输与经济社会发展的良性互动。

二 主要做法

（一）创新机制，破除城乡交通发展瓶颈制约

　　一是实施农村客运片区专营。根据乡镇站场网络分布及客流分布，将全县农村客运分为8个片区，每个片区投入4辆客车，实行片区专营，为各镇群众提供预约定制出行服务，既避免了同区域、同线路过度竞争，也有利于经营企业灵活安排线路走向、车辆数量和班次。

图7-1　城乡客运车辆

二是创新农村客运班线运营模式。在开展农村客运片区专营的基础上，根据客流变化和农村群众生产生活需求，开行了隔日班、周末班、节日班、圩期班、学生班、景区班、厂区班等农村客运班线，在满足群众出行需求的同时，做到了车辆的科学调配，节约了运营成本。

三是以长养短、以短补长。采取长线配合短线、热线配合冷线的搭配方式，用长途客运班线的盈利补贴短线农村客运，以农村客运客流支持长途客运班线，达到"以长养短、以短补长"的目的，提升运营企业的整体经营效益，使企业有能力持续投入资金建设农村客运场站和发展农村客运线路，最大限度满足农村群众多元化出行需求。

（二）整合资源，推进城乡客货运输一体化

一是两网融合，客货一体。依托"网上飞"系统，打造"网上飞巴士速递"品牌，搭建标准、高效的物流平台，对外连接全省交通网络，开展农村客运班线小件快运服务，整合广东粤运朗日股份有限公司既有客运站场及运力资源，从事客货运一体化运输配送业务，为城乡群众提供便捷高效的客货一体服务。

图7-2　农村物流服务中心

二是打造"四位一体"乡镇综合服务站。按照"多点合一、资源共享"发展思路，阳西县积极打造集客运、货运、邮政、物流等功能于一体的乡镇综合服务站，对15个乡镇汽车客运站场进行系统性改造升级，支持和引导客运企业与邮政公司、快递企业签订战略协议，依托城乡客运场站和车辆资源，提供小件快运

服务。强化乡镇客运场站旅游集散中心功能，叠加邮政便民业务、"乐驿"便利店、"网上飞巴士速递"等，实行站场资源整合，实施一体化经营，做到"管理合一、服务合一、标准合一"，打造售票、物流、旅游、超市"四位一体"的城乡交通运输服务综合体，为广大群众提供了更贴心的出行服务。

图7-3　乡镇综合服务站

（三）多措并举，助力农村物流高质量发展

一是构建三级农村物流体系。初步建成以网上飞物流服务中心和邮政分拨中心为双核的县级物流中心，"网上飞"系统联合粤运交通等广东省内大型运输企业拥有的客运车辆及客运站等资源，在全省范围内进行货物互通；依托程村、上洋、沙扒等7个汽车客运站通过叠加网上飞、商贸、乐驿、邮政、快递等服务建成7个乡镇物流服务站；依托邮政"邮乐购"，通过与农村商城、食品店、便利店等合作，在横山村、高村、马村等建制村建成了49个村级物流服务点。

二是服务数字农业示范建设。依托农业资源优势，阳西县以农产品运输为重点突破口，主动将数字农业示范与城乡交通运输一体化示范有机融合，打造"示范联动、共治共建"发展新模式。在示范县创建期间，县本级财政投资2371万元建成"一馆一云四园"——广东数字农业（阳西）展览馆、数字农业云应用和程村蚝、西荔王、东水山茶、罗非鱼数字农业产业园，以点带面形成产得好、管得好、卖得好、服务好的"四好"数字农业示范县发展模式。依托农产品流通大数据平台，掌握农产品物流特征，精准高效匹配农村物流服务，形成"产管销运"一体化的服务模式，助力阳西县数字农业和农村物流高质量发展。

三 取得成效

（一）城乡交通基础设施更加完善

阳西县全力推动城乡交通基础设施建设，在示范县创建期间，共投入交通基础设施建设资金约4.84亿元、养护资金约2102万元、安保资金约1205万元，城乡交通基础设施更加完善，全县地方公路通车总里程较创建初期增加8.68%，县域公路网密度较创建初期提高10.3%，建制村100%实现四级以上等级公路全覆盖和100%硬底化，农村公路实现了由"基本适应型"向"适应型"转变，高效助力了阳西社会经济高质量发展。

（二）城乡客运服务持续创新升级

在城乡交通运输一体化示范县创建期间，阳西县公交线路规模由创建期初的1条增加至10条，线路运营里程由创建期初的3公里增加至237公里，投入运营公交车60辆（其中新能源公交车56辆），完成县城92个公交停靠站点设置，中心城区公交站点500米覆盖率达100%，公交线路服务广度和深度大幅提升。持续巩固和提升城乡客运基本服务均等化和一体化水平，新增农村客运线路12条，推动36条农村客运班线实行公交化运营。根据农村客运需求，优化运营组织方式，创新运输服务模式，开行隔日班、周末班、节日班、赶集班、上学班等农村客运服务，阳西尖岗站成为短途联程联运的中转站，实现了县城、儒洞、沙扒、新墟四个片区的出行衔接，城乡客运运营效率显著提升，居民出行更加便捷。

（三）城乡物流体系更加立体高效

建成"1+7+49"三级农村物流体系建设，各镇快递网络覆盖率达100%，具备条件的建制村通快递比例达100%，为农产品销售、生产资料和生活消费品下乡提供畅通的物流运输保障。依托"网上飞"平台开通市到县和县到镇村的农村客运班车代运邮件和快递服务，发展小件快运服务，降低物流成本。依托"邮乐网"建立阳西特色馆，通过"邮乐网+原产地认证+邮政公司+农村合作社+农户"模式,实现了农村货运从"定制运输"向"全环节定制服务"的转变,打通了"城品下乡""乡品进城"的双向流通。在示范县创建期间,全县共新增物流企业38家,较创建初期物流企业规模增长190%,城乡货运物流行业呈现快速发展态势,为实施乡村振兴战略、打赢脱贫攻坚战、决胜全面建成小康社会提供了更加坚实的运输服务保障。

8 重庆市涪陵区：
交通先行，助推乡村产业经济发展

一 基本情况

涪陵区地处重庆市中部、三峡库区腹地，以"榨菜之乡"闻名中外。全区面积为2942平方公里，辖27个乡镇和街道，2021年末户籍人口为113.34万人。2017年以来，涪陵区紧扣成渝城市群区域性综合交通枢纽建设目标，以实施交通基础设施建设提升行动为抓手，建立并不断完善城乡交通运输服务体系，全面提升城乡交通运输一体化发展水平，客运"零距离换乘"和货运"无缝化衔接"水平大幅提高，为全区经济社会发展提供了强有力的交通支撑。

二 主要做法

（一）加快项目建设，构建一体化基础设施

一是聚焦"加密度"，全力推进内外大通道建设。加快推进面向开放战略的通道型交通基础设施建设，多向发力、补齐短板，推动我区交通更好融入全国、全市交通大网络，缩短与周边省市、区县的空间距离。截至2020年底，全区高速公路通车里程175公里，较2016年底增长34%。同时，加大城市道路建设力度，进一步优化城市道路网络结构，提升道路密度，城市建成区路网密度为4.1公里/平方公里，道路面积率为8.4%。

二是聚焦"加硬度"。全力推进"四好农村路"建设。着力推进网状型交通基础设施建设，优先实施贫困地区交通项目，坚持"建好扶贫路、打通断头路、构建联网路、建设产业路、打造旅游路"的农村公路建设发展方略，2018—2020年

累计投入资金13亿元，完成公路里程2680公里。全区30户以上集中居住的村民小组公路通达率和通畅率分别达到100%和96%。

三是聚焦"加等级"，全力推进普通干线公路改造。 在示范县创建期间，涪陵区实施国省道县乡改造310公里，园区路、产业路、旅游路30公里；国道中，二级及以上公路里程为250公里，占国道总里程的比例超过90%；省道中，三级及以上公路里程达到290公里，占省道总里程的比例超过70%。城区与各乡镇、园区、重要景区间全部通沥青路，公路通行能力和服务水平大幅提升。

四是聚焦"强服务"，全力推进港站枢纽建设。 将龙头港纳入重庆内陆国际物流枢纽体系重要组成部分予以打造，充分发挥龙头港作为目前5000吨级船舶、万吨级船队枯水期能够到达的长江上游最西端港口优势，规划建设成为长江上游重要的综合物流基地、长乌两江（长江和乌江）物资集散中心和保税口岸、长江经济带多式联运交通枢纽和长乌两江通江达海出口。

（二）改善出行条件，构建一体化客运网络

一是加快构建城乡一体化客运体系。 涪陵区始终坚持一盘棋谋划、一体化推进，构建"内循环、外辐射、干相连"的城乡公交客运网，跨省客运、县际客运、区内客运，相互衔接，无缝换乘的班线客运网，以及文化景点、风景名区、特色小镇、红色景区等运游结合的特色旅游客运网。实现城区边缘20公里范围内以公交模式运行，基本形成了城乡客运服务一体化发展大格局。

二是夯实农村客运发展基础。 为解决农村偏远山区群众出行和学生上、放学乘车难问题，区政府出台了系列文件，采取有力举措支持片区农村客运发展，形成了以8个中心集镇为核心，组建8个片区农客公司，采用定点定线和片区循环相结合、定时定点和不定时、不定点相结合的模式，在完成每天正常运输计划的前提下，允许企业在许可的运行区域内灵活调度，满足群众个性化出行需求。截至2020年底，全区已建成农村客运等级站21个，招呼站930个；开通农村客运线路186条，拥有农村客运车辆400辆；日运行班次850班，日运送旅客3万余人次，实现了乡镇客运站、村级站点全覆盖，建制村100%通客车。

三是公交助推产城融合发展。 以创建"服务产城融合两江山地公交都市"为契机，涪陵区大力实施公交"提质、扩面、入园、下乡"行动计划，真正实现了

公交服务百姓生活，助推产业、城市融合发展。截至2020年底，全区已开通公交线路54条，投放公交车辆650标台，其中纯电动公交车350标台；建成公交枢纽站8个，首末站13个，招呼站456个，公交站点500米覆盖率达100%；公交日发班次5500班，日运送旅客30余万人次，中心城区、9个办事处、4大工业园区和3个重要乡镇公交覆盖率达100%。

（三）助力产业发展，构建一体化物流体系

一是强化货运节点体系构建。推进城乡交通运输"路、站、运、邮"协调发展，引导交通运输、邮政、快递、商贸、供销等物流资源整合，加快推进以龙头港物流园区、中国邮政集团有限公司邮件配送中心、渝东物流总部基地、涪陵农资（农机）交易中心等为重点的县、乡、村三级物流节点建设步伐。截至2021年底，全区建成区级货运站4个，乡镇货运节点229个，村级货运节点1747个，县、乡、村三级物流服务网点达到1980个，城乡货运物流服务网络不断完善。

二是强化城乡货运信息化体系建设。充分发挥邮政物流节点及邮运网络具备的行业优势，加快推进以邮政快递服务为重点城乡货运信息化体系建设。2020年，中国邮政集团有限公司重庆市涪陵片区分公司（简称"中邮涪陵分公司"）在全市首开区县直发定制邮路，快速打通快递包裹出口时效，全力支撑涪陵榨菜电商在拼多多、京东、天猫等电商平台的快递包裹业务发展；强化"邮乐网"系统服务功能，推动村级邮政快递超市建设，统筹服务全区农村微电商，推进工业品下乡、农产品进城；加强与重庆市涪陵榨菜集团股份有限公司（简称"涪陵榨菜集团"）等重点企业合作，建立龙桥电商配送中心，进驻涪陵榨菜集团仓配中心，日均揽收快递包裹1万余件；通过电商平台对接"邮商宝"系统提供日常打单、揽收、封装、打包贴单、运输等一体化服务，日均揽收快递包裹5000余件，推进地方特色产品网上直销；与"学习强国"平台合作，结合扶贫助农，开发涪陵特色馆。2020年"邮乐网"共完成13.43万单，实现收入264.31万元，其中"学习强国"平台销售8.21万单，收入161.71万元。

三是全面提升乡村物流服务覆盖面。衔接供销经营优势，通过功能叠加、资源共享，建成集供销、邮政、快递、涪陵e电商等多功能于一体的乡镇村社物流

中心，货运物流服务功能逐步健全。区供销社以烟花爆竹、农资、再生资源货运为主，建成区级中心3个、乡镇中心61个、村级货运点732个；中邮涪陵分公司依托现有的27个乡镇街道邮政支局（所），建成区级邮件集散中心1个、乡镇邮件分拨中心56个、村邮站328个，村级电商公共服务点356个；涪陵e生活建立乡镇服务站点27个，村级服务点331个；"四通一达"建立乡镇快递服务点85个。乡村物流服务覆盖面全面提升，全区303个建制村直接通邮比例达到100%、具备条件的乡镇快递服务网点覆盖率达到100%、具备条件的建制村通快递比例达到100%。

三 取得成效

（一）区域内交通出行更加便捷，极大助推了农村地区脱贫攻坚

涪陵区将城乡交通运输一体化基础设施建设资金列入财政预算管理，认真实施交通基础设施提升行动计划，加快构建"内畅外联、立体快捷"综合交通体系。通过普通国省道标准化改造，涪陵区国道基本达到二级公路水平，省道基本达到三级公路水平，干线公路对乡镇、产业园区、旅游景点的覆盖率达到100%，更多居民可以更便捷地享受运输服务。农村交通出行条件显著改善，撤并村通畅率达到100%，基本实现"半小时涪陵、半小时镇村"，农村居民充分享受到交通运输基本公共服务，有力助推农村地区脱贫攻坚。

（二）客货运输服务更加高效，全面助推了城乡区域融合发展

通过高山湾等综合客运枢纽的建设，旅客换乘时间不超过10分钟，综合运输衔接效率和一体化水平明显提升。通过大力发展多式联运，货运枢纽集疏运网络更加完善，重要产业公路、园区连接线、港口连接线以及铁路枢纽、港口等物流园区公铁水多式联运体系建成后，实现各种交通运输方式无缝衔接，综合运输衔接效率大幅提高，"人便于行、货畅其流"的运输服务体系基本形成，迂回物流运输明显减少，运行效率显著提升，物流成本大幅降低。

⑨ 云南省昌宁县："五位一体"释放城乡交通发展动能

一　基本情况

昌宁县位于保山、大理、临沧三州市七县区接合部，全县面积为3888平方公里，其中山区面积占97%。全县辖13个乡（镇）、124个村（社区），有汉、回、苗、彝、傣等8个世居民族，2021年末户籍人口为35.58万人，农业人口占54.1%，是典型的西部山区农业县。近年来，昌宁县努力构建"路、站、运、管、安"五位一体和"农村客运网络化、城乡客运公交化"的城乡客运发展体系，推动城乡客运安全便捷高效、服务文明诚信、市场规范有序、路站运协调发展，是全国首批城乡交通运输一体化示范县、"四好农村路"全国示范县、全国"深化农村公路管理养护体制改革"试点县。

二　主要做法

（一）"路"——完善路网体系

按照"国省干线高速化、县乡公路提质化、乡村公路通畅化、村社公路通达化、联网公路便捷化"的建设目标，昌宁县着力构建内联路网、外畅出口的公路网络，推进4条高速公路建设，覆盖全县13个乡镇，实现外连通道高速化。不断完善农村路网结构，完成"边界路""断头路"建设，完成1500公里村组公路建设，形成农村公路网状循环。加快推进热区大道建设，为区间公交进一步推行奠定了基础。

（二）"站"——健全客运站点

按照农村客运"城乡一体化、区域网络化、布局合理化"的发展目标，全力推进农村客运站点建设，辖区13个乡（镇）已全部建有农村客运站，127个农村客运招呼站建成投入使用，逐步形成了连接城镇、辐射乡村、便捷经济的城乡客运网络。为推运站场融合试点，对卡斯客货运综合服务站给予资金支持，以每亩30万元的价格划拨土地（远低于每亩300万元的商业地价），并在加油站、检测线等配套设施上给予特批，确保卡斯站场顺利开工建设。

（三）"运"——拓展运力结构

昌宁县把发展农村客运作为保障和改善民生的重要内容，采取新增线路、延伸线路、调整运力等举措发展农村客运，实现班线客运2公里范围内建制村全覆盖。在建制村开通客运班线基础上，以客运市场为导向，选择人口密集大、交通发展水平高、经济活动频率高的柯街、卡斯、勐统、大田坝、湾甸5个乡镇为试点，开通乡镇之间、镇村之间、村村之间的区间公交和农村微客。依托"保交行"网约车平台和农村微客，采取电话和网络预约方式提供灵活便捷服务，做到便民客运"直通农家"，覆盖124个建制村，使农村居民享受与城区市民同等的公共交通服务。此外，以卡斯客运站为试点，打造乡镇综合服务站，推进场地资源整合，统一社会快递运输车辆，以乡镇为区域进行统筹配送，有效节约运输成本；实现了县、乡、村物流和邮政整合，统一分配、统一运输的高效、便捷、环保的运输新模式。

图9-1　昌宁县农村公交和农村预约微型客车

（四）"管"——创新管理机制

一是项目建设实现监管责任全覆盖。实行交通运输局和乡镇领导班子分片挂钩监管，成立乡镇监理小组进行全程监管，构建工程项目"大监管"格局。实现监管范围全覆盖。建立"1+1"（1条路配备1名监管人员）监管机制，做到分级管理、层层负责、责任到人。实现监管措施全覆盖。成立县级公路工程质量监督站，将在建的农村公路分片、分路分配给各班子成员和技术员分别负责。

二是建立多部门客运线路联合审查机制。由交通运输局牵头，公安局、应急管理局、信访局、发展和改革局、住房和城乡建设局等部门与客运公司配合，对拟开通客运线路的通行条件进行实地勘查确认并出具意见。建立交通、应急、交警、运管等四部门间的常态化督导工作机制，每季度组成督导小组，对运输企业进行安全检查、当季重点工作推进督导。

三是探索施行"七个一点"筹资模式。通过"向上争取一点、县财政补助一点、乡镇筹集一点、银行贷款一点、自愿捐助一点、项目整合一点、就地取材节省一点"的"七个一点"筹资模式，扩大城乡交通运输发展资金来源，强化城乡交通运输发展保障。

（五）"安"——强化区域保障

一是分级管控农村公路。按照"有路必管、管必到位"的要求实施生命防护工程，在县道县管、乡道乡管基础上，在全县124个村（社区）各设1名公路管护员。以县地方公路路政管理大队为依托，依靠乡、村、寨（组），全面推行"县、乡、村、寨（组）"四级联动协管路政工作，全力破解村路民治公路保护难的问题。

二是治理危路险桥。自2017年起，县级财政每年配套养护资金450万元用于农村公路管养和辖区农村公路安保工程建设，在农村公路危路险桥地段实施设置安全警示墩、安全防护栏等安保工程，多渠道、全方位排查整治安全隐患。

三 取得成效

（一）服务经济发展能力加强

依托建制村100%通班车、通邮，客运站100%开通小件寄存、货物托运，具备条件的乡镇、建制村快递服务网点100%覆盖，乡镇电子商务服务站、建制村电子商务服务点100%覆盖等基础，深化与阿里巴巴集团的合作，构建"1+13+124"（1个县级电子商务服务中心、13个乡镇级服务站、124个村级服务点）的县乡村三级电商服务网络，解决农产品销售难、市场信息不对称等问题，有效带动了优势资源提质增效，使农业总产值由2016年的47.15亿元增加至2020年的67.23亿元。

图9-2 县级电商中心与村级电商服务站

（二）助推脱贫攻坚成效显著

昌宁县是全国扶贫开发重点县、少数民族聚居县，为切实完成脱贫攻坚总任务，启动交通扶贫工程，优先实施"扶贫路""产业路""旅游路"项目建设，补齐了昌宁交通发展短板。依托建制村100%通畅基础，实现"农村班车进城，公交客车下乡"，形成城乡公交资源共享、方便快捷、畅通有序的客运网络。已建成通车的农村公路安全隐患做到100%及时处理，公路危险路段安保设施实现全覆盖。交通扶贫工程实施后，2020年全县贫困发生率下降至0.07%，农村常住居民人均可支配收入增加到12063元。

10 陕西省西安市鄠邑区：
城乡交通运输提质升级，助力脱贫致富新实践

一 基本情况

鄠邑区原名户县，是西安市3个副中心之一。全区总面积为1279.42平方公里，辖14个街道办事处、1个景区管理局，193个建制村、18个社区居民委员会，2021年常住人口为64.48万人。近年来，鄠邑区将城乡交通运输一体化示范创建工作纳入年度目标责任考核，结合脱贫攻坚、全域旅游发展及"五个美丽""四好农村路"建设等工作，城乡交通运输协调发展取得新突破。

二 主要做法

（一）强化规划引领，构建畅通路网

一是全域规划优布局。鄠邑区编制了《鄠邑区"十三五"交通运输发展规划》《鄠邑综合交通运输体系规划（2019—2035年）》，完成了西鄠快速干道、国道211及鄠邑东、鄠邑北综合客运枢纽建设，鄠邑现代物流综合枢纽等交通专项规划编制工作，全力构建"六横六纵四辐射"的路网格局。

二是量质并重抓建设。在示范县创建期间，鄠邑区累计投入6.4亿元，实施县乡公路改建工程110公里、危桥改造工程11座、安全生命防护工程169公里、完成通村通组公路建设107公里、"油返砂"整治工程42公里，让群众出行更加安全、方便、快捷。先后修建甘峪口村、柳泉口村等贫困村通村公路近百公里，打通贫困村脱贫致富"最后一公里"。同时，全面加强对工程建设程序、施工质量、技术要求、竣工验收等方面的监管，建立健全了"政府监督、部门监管、社

会监理、企业自检"的质量保证体系，有效保障了工程建设质量。

（二）推进公交优先，注重政策扶持

一是深入落实公交优先发展战略。对城区至沣西新城、柳西、高冠等多条通村客运班线实施公交化整合改造，提升服务品质，引导群众乘公交出行；城市公交实行"一元一票"制，全区公交车辆对残疾人、65岁以上老人实行免费乘车等惠民政策，赢得了全区人民的广泛好评。2020年，鄠邑区被西安市纳入"西安市城乡公交一体化发展"试点范围，开通鄠邑区至西安主城区大公交，让人民群众出行时享受到更多的优惠。

二是深入推进城乡客运全覆盖。开展城乡客运一体化试点工作，不断完善客运网络，实现客运站点与新建公路项目同步设计、同步建设、同步交付使用，开通客运线路33条，建设客运站场8个，形成了辐射西安、咸阳、宝鸡、杨凌等周边城市的客运网络。累计投入3500余万元，开通通村客运班线21条，使全区所有建制村通车率、通邮率均达到了100%。

三是注重政策引领扶持。鄠邑区出台了道路客运行业安全奖励专项基金管理办法、公交线路发展调节专项基金管理办法和鼓励城乡客运发展政策措施，由区财政每年列支1000万元，设立城乡客运一体化发展基金和驾驶员安全基金，建立城乡客运"安全+服务"的保障体系，对驾乘人员、新开通线路、车辆购置、信息化建设、站场建设给予补助，保障了行业持续、稳定发展。指导客运企业进行重组，整合成立西安市鄠邑区公共交通运输有限公司，采取"公车公营"模式，实行全区通村客运、区际客运及城市公交线路统一经营，并建立客运车辆动态监控中心，对所有运营车辆进行实时动态监管，实现了客运规模化、发展集约化和运营规范化。

四是不断提升运营服务。鄠邑区结合区域实际，对部分通村客运班线进行整合改造，合理延伸调整，在兼顾各方利益、保证全面覆盖的前提下，逐步增加客运车辆，实行大线路、高密度运营，既满足了群众乘车需求，又提升了经营效益。根据镇村人口密度、经济发展、季节性客流变化等因素，采取"干支线互补、冷热线搭配"的经营方式，在企业内实行经营收入自主平衡调节，实现全区公交线路运营管理综合调节，保障全面正常运营；同时，加快新能源公交车辆推广应用，投资3500余万元购置新能源电动客车88辆，建成充电桩42套、运营充电站4个，开通纯电动公交线路11条，推动群众低碳环保出行。

（三）提升物流服务，注重城乡协同

一是完善服务网络。积极推进"互联网+农村物流"，借助农村物流三级网络，实施三级货品发送、电商一级配送，打通了工业品下乡、农产品进城、电商进村、快递入户"最后一公里"。目前，全区共设立镇、村级物流服务站点200余个，形成了区、镇、村三级全覆盖的农村物流服务体系。

二是加大扶持力度。加大对电子商务的扶持力度，2018年区政府列支260余万元，扶持电商企业150余户，开设"京东·户县馆"等网店500余个，结合脱贫攻坚工作，完成35个电商扶贫重点村建设。2020年，全区农村电子商务交易额达到18亿元。

三 取得成效

（一）助力脱贫攻坚，为群众增收提供了坚强保障

鄠邑区通过修建贫困村通村公路、市级重点村通村公路把贫困村农副产品生产基地、乡村振兴示范点、美丽乡村中心村和乡村旅游开发片区串点成面，为贫困村脱贫打下了坚实的交通基础；通过对省定贫困村道路提升改造，吸引农业专业合作社等扶贫企业10家，投入"十百千万"产业扶贫资金1100万元，有力带动了贫困村葡萄种植、草花种植、蜜蜂养殖等产业发展；通过农村公路建设，增加了贫困村的交通优势，助推了贫困村特色产业、优势产业的发展。

（二）助力产业发展，为乡村振兴打下了坚实基础

把城乡交通运输一体化建设作为推进农业发展产业化、农业园区现代化的"先手棋"，鄠邑区立足农业片区发展实际，依托"九纵九横"棋盘式道路网

络，通过"特色产业+电商快递"模式，以区级仓储配送中心为核心，建成辐射11个镇街服务中心及185个村级物流服务站点的农村三级物流体系，物流快递覆盖率达到95%，运输成本费用降低15%~30%，产品销售额提升10%，在降低农村物流成本、支撑农产品销售的同时，为辖区农民群众就业创业提供了广阔空间，区域经济发展得到显著推进。

（三）助力全域旅游，为城乡旅游提供了有力支撑

把城乡交通运输一体化建设作为推动全域旅游发展的重要引擎，围绕"畅、洁、绿、美、安"工作目标，提升美化重点县乡道，以路为网，把农村公路建设与农家生态、田园风光、传统山村等自然景观相结合，促进农村公路多层次、全方位、高质量服务乡村旅游资源开发，推动农村公路更好地助力文旅融合发展。深入推进"五路"两侧增绿美化。全力打造"一条大道、两路风景、三季有花、四季常绿、常年洁美"的绿色生态景观道路，不仅促进了人居环境的持续优化，也带动乡村旅游、精品民宿成为新业态。2020年，全区接待游客1400万人次，实现旅游综合收入34.7亿元，第三产业增加值达101.57亿元，群众的幸福感、获得感进一步增强。

11 宁夏回族自治区西吉县：
创新客运服务，便利群众出行

一 基本情况

西吉县隶属宁夏回族自治区固原市，位于宁夏南部，六盘山西麓，总面积为3130平方公里，辖4个镇、15个乡、295个建制村，2021年末常住人口为47.5万人，其中农业人口占总人口的85.6%，是宁夏人口第一大县。近年来，西吉县以创建交通运输部第一批城乡交通运输一体化示范县为契机，将创建工作纳入政府重点工作，基本建成了城乡交通运输一体化服务体系，城乡客运一体化服务水平和能力明显提升，城乡货运与物流一体化基本实现，政府政策与财政资金投入保障机制得以建立，群众出行满意度明显提升。

二 主要做法

（一）加快城乡交通基础设施建设，便捷群众出行

一是加大基础设施建设力度。西吉县抢抓国家脱贫攻坚和交通运输部定点帮扶等机遇，加大农村公路建设力度，为山区群众安全便捷出行和全县如期实现整体脱贫提供了有力保障。2017—2019年，西吉县投资11.9亿元用于260个农村公路项目建设，建成农村公路1274公里，在实现村村通公路的基础上，部分村组道路实现了通沥青水泥路，农村公路等级路率达100%。同时，城乡公共交通基础设施明显改善。新建城市公交港湾式停靠站3处、更换公交站亭68处，实现了城区公交站点500米覆盖率达到100%，建成农村客运招呼站80个、招呼站牌25个，为群众出行提供了舒适的乘车环境。

二是提升公路交通安全管理水平。为最大限度减少公路交通事故，降低交通事故发生率及致死率，保障公路安全畅通和群众出行安全，2017—2019年，西吉县投资1050万元实施农村公路安全生命防护工程，治理隐患总里程93公里。投资813万元对6座无护栏、桥面窄小、结构简单、通行质量差的农村公路危桥进行改造，解决了安全隐患问题。同时不断完善检查技术，改善车辆设备的安全技术状况。建立风险管理体系，提高路查路检的频率，建设智慧交通监管服务平台，对"两客一危"车辆运营情况和部分农村公路高危路段、重点桥梁进行实时监控，提升农村公路安全监管和应急处置水平，有效保障了群众出行安全。

图11-1　智慧交通监控大厅

三是探索有地区特色的农村公路管养"路长制"。针对县域农村公路建设快、管养规模快速增加的现实，西吉县实施农村公路管养"路长制"实施办法、考核细则等，压实管养主体责任，落实财政扶持农村公路管养保障机制，将全县3671公里村组道路按每年每公里1000元的标准纳入财政预算，将乡村4000名四类人员（保洁员、护林员、公益性岗位、社会服务岗）纳入村组道路管养队伍，强化了资金、人员、绩效考核三个保障机制，实现了农村公路养护率100%，网格化养护责任到人、到路段率达100%，农村公路列养率达100%，农村公路经常性养护率达100%。

（二）创新城乡客运服务模式，扩大客运服务覆盖范围

一是优化公共资源配置。统筹城乡公共交通发展，完成原有城市公交运营机制转换工作，实现公车公营，支持城乡公交发展。通过采用公交线路新辟、改线、延伸及农村客运公交化运营等方式，开通了9条城乡公交线路，不断扩大城

乡客运一体化的覆盖面和服务范围，初步形成了以县城为中心、乡镇相连、城乡一体、便捷安全的农村客运网络，实现了全县建制村客运100%覆盖。

二是创新客运服务模式。针对城乡客运分布不均衡的特点，东西两片区客运经营企业在合理优化配置城乡客运运力和排班基础上，将"互联网+交通"融入城乡客运，实现运营企业对乘客调查出行需求大数据收集与乘客出行网上预约下单，提高了群众满意度和企业运行效益。此外，针对学生出行问题，创新发展"交通+学生出行"的乡村客运服务模式，采取网上学生出行信息与企业调度计划对接、门对门、点对点的服务模式，为4万余名学生提供安全、经济、便捷的出行服务。

三是搭建交通信息服务平台。西吉县重视交通信息服务平台在城乡交通一体化中的重要作用，投资2950万元建设智慧交通监管与服务平台系统，搭建涵盖交通运行监管与服务中心、基础支撑平台、综合应用系统等的综合服务平台。通过整合交通信息资源，加强城市跨部门以及城乡交通运输服务信息交换，突出交通信息便民服务，推广客运联网售票服务与城乡公交一卡通服务，服务县域交通管理，拓展区域交通出行与停车信息提示服务与诱导功能，实现交通运行状态实时监控与应急指挥、救援。

（三）加快提升农村物流服务，推进跨业融合发展

一是加快补齐城乡物流发展基础短板。先后建成物流中心3个，建设农村物流节点350个，建立了县、乡、村三级电商服务体系，实现了村民购物、销售、寄递、金融"四不出村"，极大方便了群众的生产生活，呈现出网上购买与销售同步大幅增长的良好势头。

图11-2　农村综合服务站

二是以"**交通物流+电商**"**融合发展促进经济发展。**通过建设县级农村电商孵化运营中心和县级物流分拣配送中心，以及在9个乡设立乡级电商服务站，依托建制村服务点，整合物流寄递资源，建立县、乡、村三级电商物流服务体系，极大方便群众的生产生活需要。

三是**探索乡村客运站一站式服务模式。**西吉县政府统筹协调交通运输、工信、邮政等部门，鼓励交通运输企业与邮政、金融、电商等合作，依托县、乡、村三级客运站承接县、乡、村三级快件运输业务，建设村级快递服务点、金融服务站、电商服务窗口等，实现交通与快递物流、电商、乡村金融一站式服务，提高城乡交通运力、站场等资源的融合发展效益。

图11-3　交通运输、邮政、商超相融合的村级快递服务点

三　取得成效

（一）交通基础网络化建设成效显著

西吉县城乡交通运输一体化建设项目总计投入资金13.8亿元，建成农村公路1274公里，农村公路列养率和经常性养护率均达到100%，农村公路新建里程、养护里程和安全防护创历史新高。通村客运道路窄路面全部加宽，通村客运道路危险路段安保设施实现全覆盖，道路交通安全事故数量实现同比下降。智慧交通监管服务平台对部分农村公路高危路段、重点桥梁实现实时监控，提升了农村公路安全监管和应急处置水平，极大降低了农村交通安全事故发生率，有效保障了群众出行安全。

（二）城乡交通运输一体化提质增速

为村民便捷出行提供服务。县域内19个乡镇全部建有农村物流站场、快递网点、邮政网点，农村物流节点，建制村设快递服务点，农村小件快递企业实现上门服务。旅游交通、城乡直达公交、客运班线与城区公交"无缝衔接"，群众出行方便程度和满意度明显提高。

（三）交通运输精准扶贫效果显著

通过城乡交通运输一体化建设，解决了全县238个贫困村的自然村通硬化路问题，全县建制村通客车率、物流覆盖率均达到100%，有效打通建档立卡贫困户和脱贫销号村的致富通道，引领贫困村迈入实现全面小康目标的快车道。

12 江西省贵溪市：
城乡一体助发展，交通先行惠民生

（一）基本情况

贵溪市位于江西省东北部，总面积为2493平方公里，辖18个乡镇、188个建制村，2021年末常住人口为54.03万人，其中，农村人口为24.06万人。开展城乡交通运输一体化示范县创建以来，贵溪市积极探索"农村公路管理养护长效机制""品牌企业+信息化+全域公交"客运服务、"快递物流+电商+农产品上行"物流综合服务等模式，被评为江西省"四好农村路"示范县、江西省"镇村公交发展试点县""全国电子商务进农村综合示范县"，走出了一条城乡交通助推经济社会发展、运输服务普惠民生、产业融合助力乡村振兴的新路子。

（二）主要做法

（一）聚焦基础衔接，建养并举抓创建

一是加大基础设施建设力度。在示范县创建期间，贵溪交通基础设施建设项目总投资约为28.13亿元。实施公路新（改）建项目136个，白鹤湖大道、贵塘公路等旅游公路全面通车。以"四好农村路"高标准建设农村公路330公里，危桥改造75座，完成安全生命防护工程857公里。升级改造2个客运站场，新建1个乡镇级客运站，完善城乡公交站亭271个，"1+18+188"的市、乡、村三级物流配送中心（站、点）基本建成。

二是深入落实农村公路管养改革。实行农村公路"网格化管理"，推行"路长+村民理事会"监管模式。落实《关于进一步加强农村公路管理养护工作的意

见》（贵府发〔2015〕16号），明确相关单位公路管理养护工作职责，建立完善农村公路管理养护机构，由市政府统筹安排农村公路养护资金，并将农村公路管理养护和资金筹集及使用管理等工作纳入对各乡（镇、街道、场）的年度综合目标考核内容，将考核结果与年终管理养护资金补助、奖励挂钩，根据考核评分拨付补助资金，并给予奖惩。

（二）聚焦便民惠民，全域一体抓创建

一是构建城乡客运网络。贵溪市坚持"公司化经营、公交化运行、规范化管理"的原则，构建了城区、城乡、镇村三级城乡客运网络。通过合理并购等方式，形成了"一市一公交"的集约化经营，实现了运力的统筹调配。根据群众需求优化或加密线网34条，对农村客运班线进行公交化改造，实现了市域城乡公交全覆盖。开通旅游专线、通勤专线、学生专线等特色客运服务，打造"掌上公交"App，城乡群众可实时获取服务线路、服务时间、车辆位置等出行信息。建立了与服务质量挂钩的补贴政策机制，每年根据第三方开展的评估，测算补贴额度，并及时发放给运营企业。

二是强化客运安全监管。贵溪市落实交通、公安、应急等多部门联合审批机制，对城乡客运线路途经道路开展全面的安全隐患排查。创新"互联网+交通运输安全"监管手段，为所有城乡客运车辆安装了定位装置及智能视频监控报警系统，建成的"互联网＋交通运输安全"第三方监控平台实时、全方位保障了城乡客运安全。目前，贵溪市城乡客运公交化率达100%，万人拥有公交车辆数达8.33辆，票价较示范县创建前降低了50%，历年责任事故死亡人数为0，乘客有效投诉处理率和有效投诉处理满意率均为100%，群众对贵溪市城乡客运发展给予了高度认可。

（三）聚焦货畅其流，因地制宜抓创建

一是完善物流网络体系。整合利用邮政、电商、物流等资源，已形成以市级物流快递分拨中心为核心、以乡镇物流配送站为支撑、以村级物流配送点为基础的"1+18+188"三级农村物流网络节点体系。建设市级快递电商物流园，吸引了

众多物流企业和电商企业进驻，形成了规模效应。依托18个乡镇邮政营业网点建设乡镇物流配送站，兼具物流仓储、快递收发、电子商务、短期仓储及特色产品线下体验等功能，负责将区域内网购商品储存配送至村级物流配送点，并将农村网销商品集中转运至市级物流配送中心。整合邮乐购、农村淘宝村站等现有资源建设村级物流配送点，固定仓储场所，配备工作人员，负责村站范围内网购商品的配送和区域内网销产品的收集转运。

二是组建物流配送联盟。贵溪市成立物流配送联盟，实行"1+N"配送模式，形成以贵溪市邮政分公司为载体，其他物流快递企业参与的电子商务进农村物流服务体系，构建收件分散进、统一配和发件统一收、分散发的科学合理配送体系，实现物流配送"六个统一"，即统一场所、统一平台、统一管理、统一车辆、统一支付、统一配送，实现全市各乡镇和建制村快递包裹当日达。目前，市级物流快递分拨中心日分拣量可达10万件，通过市域内统一配送，可在当天将快递包裹送至全市各乡镇和建制村。

（四）聚焦政策保障，优化环境抓创建

一是出台扶持政策。贵溪市将城乡交通运输一体化作为政府公益事业，建立了多元化的政策扶持机制，出台了镇村公交、农村三级物流体系、快递物流等相关政策文件，内容涵盖资金投入、财政补贴、考核办法、价格调整等多个方面，在基础设施及客货运输服务一体化建设发展方面均有明确、稳定的政策和用地保障，为示范创建提供了有力保障。

二是加强资金保障。贵溪市财政将城乡交通运输一体化相关投入列入财政预算，建立了健全的投入、补贴和补偿机制。在农村公路养护方面，市本级财政提供了充足的配套资金，市、乡、村养护公路分别予以补助。在全域公交补贴方面，本级财政对城乡客运的运营补贴每年不低于1000万元，创建期内累计已达4000万元。在城乡货运物流方面，在投资建设三级物流节点的同时，完善电商、物流企业税收政策，减轻企业负担，上行销售每单补贴0.5元，扶贫产品每单补贴1元。

三 取得成效

（一）城乡交通基础设施实现高质量发展

通过高标准实施公路主干道建设，贵溪市"六纵九横"的公路主干网络基本建成，实现了乡镇15分钟上高速公路、市区30分钟到乡镇，境内道路等级显著提升，满足了全市经济社会发展需求。农村公路建管养运水平全面提升，截至2021年底，贵溪市农村公路总里程达到2973公里，"组组通"基本实现，优良中等路占比达78.1%，应设置安防设施路段的设置率达100%，危桥隐患全部消除。农村公路管养进一步规范，列养率达100%，实现"有路必养、养必到位"。

（二）城乡客运服务和安全水平全面提升

打造形成了市区—乡镇—建制村无缝衔接、覆盖全市的三级城乡公交网络，打通了群众出行的最后一公里。推行全域公交和品牌工程，服务水平全方位提升，开通旅游专线、通勤专线、学生专线等，满足了不同群众出行需求。打造了"掌上公交"App，便利了城乡群众出行信息服务。城乡客运车辆全部安装了智能视频报警系统，实现了动态监控，建成的"互联网＋交通运输安全"第三方监控平台实时、全方位保障了城乡客运运输安全。

（三）城乡物流配送与电子商务实现协同发展

贵溪市以市级物流快递分拨中心为核心、以乡镇物流配送站为支撑、以村级物流配送点为基础的三级农村物流网络节点体系，实现了建制村直接通邮比例达到100%、乡镇快递服务网点覆盖率达到100%、建制村通快递比例达到100%，切实解决了百姓买难、卖难的问题，有效提升送达效率，降低各方成本。城乡物流配送体系的不断完善，有效支撑了贵溪市电子商务快速发展。贵溪市电商交易额已突破200亿元，先后荣获"江西市域电商十大领军县（市、区）""百县百品中国农产品上行百强县"等殊荣，城乡货运物流已成为贵溪市大众创业和万众创新的有力助推器。

（四）助力实施乡村振兴战略成效显著

贵溪市紧紧围绕"助力乡村振兴"主题，在全市188个建制村建设电商服务站点，实现了建制村电商服务站点全覆盖，在11个省级贫困村建立了11个电商扶贫示范站点，支撑组织了多种形式的公用品牌年货节、网上年货节、农村产品生产基地现场会、"走进红色名村，助力乡村振兴"青年直播活动等线上和线下品牌销售活动，带动了本地的大米、竹荪、香菇、茄子干、多肉植物、箱包、铜工艺品等特色产品的销售，交通运输助力乡村振兴成效显著，人民群众的获得感、幸福感显著增强。

（五）城乡交通运输与产业融合发展

贵溪市通过旅游公路网络建设和旅游客运线路布设，把市域内主要旅游景区、红色村镇、农家乐等全部串联起来，2021年接待游客达到400万人次以上，年旅游总收入达到30亿元，为贵溪市旅游产业的发展创造坚实的交通运输条件。白鹤湖大道、贵塘公路等旅游公路的建成惠及9个乡镇3个林场20多万名群众，成为最具品质公路、幸福感指数最高公路、魅力乡村旅游公路。城乡交通运输一体化的发展，改善了农村特色产业、休闲农业等的交通条件，促进了沿线乡村产业的发展。支撑形成江西省第一家多肉植物产业园及江西省最大蔬菜基地，带动了农村地区经济的飞速发展。

13 青海省海东市乐都区：
探索城乡交通运输一体化发展新路径

一 基本情况

乐都区是青海省海东市市政府所在地，全区总面积为3050平方公里，辖6个镇、12个乡、2个街道，354个建制村，2020年常住人口为24.1万人。乐都区是全国"四好农村路"示范县、"电子商务进农村综合示范县""全国农村一、二、三产业融合发展先导区"。近年来，乐都区不断完善城乡基础设施建设，提升城乡客货运输服务质量，最大限度为群众出行和物流运输提供便利，探索出了一条城乡交通建设促进产业经济转型发展的新路径。

二 主要做法

（一）全力推进农村公路建设，实现农村公路全域通达

乐都区紧紧围绕"交通运输更贴近民生实事"专项工作，加大投入力度，补齐基础短板，积极建设经济路、打造资源路、开发旅游路，累计投入资金9.23亿元，实施各类交通项目190项，新建改扩建县乡道路299公里，配套桥梁27座，美丽乡村配套道路52公里，易地搬迁配套道路48公里，为全区农民致富奔小康提供了交通基础设施保障。目前，全区公路通车总里程达2546公里，公路密度达84公里/百平方公里，20个乡镇（街道）通四级以上沥青水泥路，354个建制村道路硬化率达100%，形成了以京藏高速公路、民小一级公路、109国道为骨架，县、乡、村公路为脉络，内畅外联、四通八达的路网格局，2018年底实现了"村村通"。

图13-1　乐都区城乡交通基础设施

（二）创新服务模式，破解农村客运"通返不通"难题

乐都区按照"一村一策"的工作思路，分别对城台乡下台村、达拉乡红沟村、寿乐镇牧场村、蒲台乡严家山村等6个未通客车建制村采取区域经营、预约定制等方式实现通客车；将中坝乡确石湾村，共和乡磨石沟村等3个村整体搬迁至城乡公交覆盖区域。此外，针对71个偏远建制村存在的"通返不通"问题，区政府拨付补助资金60万元，客运企业自筹资金700多万元，购置35辆7座纯电动客车，采取区域经营和预约定制运营模式，有效解决了"通返不通"问题。为保障城乡客运线路可持续运营，乐都区为35辆执行"村村通"任务的车辆办理了出租汽车营运证，在完成每天固定通村运输任务之外，可在城区范围开展出租业务。通过"定时定线+网络预约"的方式，提高了"村村通"车辆的资源利用率，实现了偏远地区通村客运的可持续运营。

图13-2　"村村通"定制客车

（三）统筹运力资源，解决快递进村"最后一公里"问题

乐都区积极推进三级物流网络节点体系建设，建设2个区级物流中心、19个乡镇物流站点，大力引导交通运输、邮政、商贸、供销等物流资源整合，促进农产品进城和农资、消费品下乡双向流通。并由邮政、商务部门负责在物流站设立农村电商服务点，在建制村设立村级物流点，物流节点的乡镇覆盖率达到100%，实现了所有乡镇货物24小时内得到中转。乐都区邮政分公司与"三通一达"、百世、极兔等快递公司签订转投协议，与顺丰快递公司签订转寄协议，将偏远乡镇快递不能派送至村级的邮件与快递公司对接，依托邮政服务网点与快递企业开展邮快（邮政与快递公司）合作，由邮政公司派送到村级站点，实现了全区村级站点派送到村覆盖率达到100%。目前，乐都区邮快合作乡镇15个，邮快合作覆盖率为83%，基本解决了农村群众寄快递难的问题，打通了快递服务"最后一公里"。

三 取得成效

（一）城乡客运均等化水平显著提升

乐都区以改善民生为目标，科学完善城市公交线网和乡村客运线网布局，全面落实客运低票价出行等惠民政策，努力提升客运服务质量和水平。目前，乐都区城乡客运网络已日趋完善，农村客运公共服务水平已得到全面提升，城乡居民的日常出行得到了良好的保障，出行的便捷性、舒适性和安全性得到了极大提升，使广大城乡人民群众共享了交通运输发展红利。

（二）物流降本增效支撑城市高质量发展

乐都区大力引导交通运输、邮政、商贸、供销等物流资源的整合，促进农产品进城和农资、消费品下乡双向流通，实现了所有乡镇货物24小时内得到中转，加快了全区物流高质量发展，整体运输效率和服务水平得到明显提升，物流成本显著降低，形成组织先进、规范有序、运输畅通的现代物流服务体系，促进了交通运输与旅游、贸易、金融业融合发展，为乐都区产业协同发展和招商引资创造了有利环境。

14 新疆维吾尔自治区伊宁市：
"双市同创"推动城乡交通运输协调发展

（一）基本情况

伊宁市是伊犁哈萨克自治州（伊犁州）的首府，总面积为644平方公里，下辖4个镇、5个乡、8个街道、2个园区、53个村和142个社区，2020年末户籍人口为58.27万人。作为城乡交通运输一体化示范创建县和国家"公交都市"示范创建城市，近年来伊宁市紧抓"双市同创"契机，着力推进城乡交通运输协调发展，城乡交通运输服务水平不断提升。

（二）主要做法

（一）紧扣发展需求，增强设施供给能力

一是加快推进城乡道路建设，不断完善城乡路网体系。伊宁市启动了G218南移、新伊犁河大桥、伊犁河三桥等重点项目建设，着力解决过境交通与城乡交通交叉互扰的问题，促进周边乡镇与中心城区联通。在示范县创建期间，伊宁市累计完成城市道路建设280余公里，打通"断头路"17条，有力推进城乡交通实现连起来、环起来、快起来，实现城乡交通有序衔接、高效联通。完成旅游路、产业路、资源路等农村公路建设493公里，改善了9个乡镇、53个村约25万人的出行条件，为乡村旅游开发、特色产业发展等奠定了坚实基础。目前，伊宁市农村公路总里程已达1146公里，等级公路占比100%，辖区内乡镇三级公路通达率100%，自然村硬化路通达率100%。

二是不断优化交通场站布局，强化集疏运体系建设。伊宁市不断优化城市综

合交通枢纽集疏运体系，开通连接伊宁机场和火车站的公交线路5条，3个城市综合客运站实现多条公交线路互联互通；优化城市公共交通场站布局，建成城市西部公交综合场站1座，改扩建原有公交首末站9座。加快建设东郊和北郊客运枢纽，为实现疆内、州内公路旅客定向分流，缓解城市交通压力奠定了基础。在城乡货运枢纽（物流园）建设方面，伊宁市建成西北物流园、福隆物流园、保税物流园等3个综合物流园区，加快推进伊犁空港物流产业园、伊宁市智慧化新型冷链物流供应链等4个物流园建设。

（二）紧贴民生福祉，提升运输服务品质

一是不断完善城乡客运体系，城乡居民出行环境得到改善。伊宁市不断扩大公交服务广度和深度，实现"一市一公交"运营，公交线路30条，公交车辆457辆，实现全市城区及各乡镇建制村公交覆盖率达到100%，中心城区公共交通站点500米覆盖率达到100%。与邻近的察布查尔县、可克达拉市开通了城际公交，便捷了城际间往来交流。完成城市主干道公交候车亭改造199个，设置安检、防撞设施400余个，安装驾乘隔离设施457个。此外，伊宁市加快公交信息化建设，建成城市公共交通运输综合调度指挥平台，公交实时动态监控系统安装使用率达100%，大力推广伊宁"掌上公交"App应用程序，推行银联卡、云闪付、支付宝等多元化支付方式，市民出行更加绿色、便捷、高效。

二是加快城乡物流体系建设，城乡货运物流服务更加优质。伊宁市不断加快城乡货运节点体系建设，合理布局物流园区等场站资源，引导全市76家物流企业优化整合为68家，并全部入驻物流园区。伊宁市农商投资（集团）有限责任公司投资1200万元建设的同城配送项目，通过手机App实现绿色配送、集约配送。加快提升巴彦岱镇九鼎蔬菜市场、哈尔墩乡城东综合市场和蔬果批发市场、汉宾乡苏洋陶瓷农机物流园等特色园区的服务带动作用，构建起了覆盖伊宁市城乡、辐射伊犁州全境的农贸综合批发物流体系。此外，伊宁市大力推进"快递进村"工程，完成城乡末端网点布设179个，采用快超结合、快商结合、村委会代派等形式，实现53个建制村"快递进村"全覆盖。

三是着力优化交通服务体系，行业融合发展取得积极成效。伊宁市大力推行"交通+乡村振兴、物流、旅游"模式，促进交通与邮政、电商、快递的融合发

展。盘活闲置资源，结合旅游小镇建设，将园艺场客运站打造为游客集散中心，拓展商超、电商等功能；将克伯克于孜乡客运站作为文化休闲场所，兼备超市、电商、快递等功能，有效增强了"自身造血功能"。建成巴彦岱镇苏阿勒玛勒村——阿勒玛滑雪场、园艺场道路等旅游道路3条，续建1条，开通公交旅游专线2条，有力促进了交通运输与旅游深度融合，保障乡村旅游高质量发展。

专栏14-1 园艺场客运站综合利用

　　伊宁市园艺场客运站建于2009年，建筑面积147平方米。由于场站位于园艺场前部、停车场面积较小、公交线路较少等原因，长期处于闲置状态。2019年，配合园艺场打造"旅游小镇""诗画农场"开发建设，伊宁市将园艺场客运站改造为游客集散中心，场部改造为蔬菜配送中心，并入驻电商、物流、蔬菜、特色农产品批发、零售业。通过农业+科技、农业+产业，实现特色旅游业，采用"客运（401路公交车）+货运（蔬菜配送车）"的服务模式，搭建"工业品下乡"和"农产品进城"农村物流双向流通平台，在使得当地特色农产品走出去的同时，将其他区域的产品引进来，推动当地经济良性发展。

三 取得成效

（一）有力支撑全市打赢脱贫攻坚战

　　伊宁市发挥首府区位优势，以"补短板、兜底线、重服务"为着力点，持续加强农村公路建设，构建了干支相连、外联快捷、内联通畅、乡村联网的交通网络，带动了沿线村镇因路而变、因路而美、因路而兴，使得更多群众共享改革发展成果，把农村公路建设成了群众的致富路、幸福路、连心路。此外，伊宁市通过合理优化公共交通布局，构建平安、快捷、畅达的交通出行环境，实现了群众"出门见路、抬脚上车"，助力群众脱贫致富，为全市完成脱贫攻坚目标提供了强有力支撑。

（二）有力促进交通与关联产业融合发展

通过城乡交通运输一体化示范市建设，大大促进了交通与邮政、电商、快递、旅游的融合发展，盘活了现有资源，有力促进了交通运输与旅游深度融合，补齐了市郊旅游发展道路短板，为乡村开发旅游项目、解决村民就业、提高村民收入提供了坚实的交通基础保障，增强了贫困地区自身"造血"功能。另外，伊宁市利用交通发展优势，解决农村劳动力转移就业问题，吸纳农村富余劳动力和建档立卡贫困家庭人员在道路运输行业就业，帮助贫困群众解决就业困难。截至2021年底，伊宁市公共交通（集团）有限责任公司和各出租汽车经营公司，已经帮助186名贫困群众解决了就业难题，使其通过再就业取得了相对固定的经济收入。

二

客货运输提质篇

PART 2

15 河北省晋州市：
"公助民营"，提升城乡客运服务品质

一 基本情况

晋州市位于河北省石家庄东部，总面积为619平方公里，2021年末常住人口为50.8万人，下辖10个乡镇、1个省级经济开发区、90个建制村、224个建制村，是河北省优先发展公共交通示范县市。近年来，晋州市委、市政府以创建交通运输一体化示范县为载体，立足优势，突出特色，从基础设施、客运服务、货运物流服务及发展环境等方面全力推进交通运输一体化。

二 主要做法

（一）改革创新，精准发力，探索公交运营新模式

为从根本上解决公交运营机制不畅的问题，晋州市探索了"公助民营"的公交运营新模式。2020年，市财政以5605万元收购晋州市新干线公交客运有限公司（简称"新干线公司"）的房屋、土地等固定资产，并通过公开招标确定由新干线公司继续运营城乡公交，市财政对城乡公交线路每辆车每天补贴402.5元，每年补贴近2000万元，确保了公共交通运转正常，实现了可持续发展。同时，支持新干线公司对公交场站、候车亭、站牌等基础设施在不改变土地用途的前提下进行综合利用，强化了公交运营企业造血功能。

专栏15-1　探索"回购基础设施+政府购买服务"公交运营模式

晋州市交通运输局通过与晋州市新干线公交客运有限公司建立政府购买服务的政企合作关系，探索"回购基础设施+政府购买服务"的新型公交运营模式，实现政府提供基础设施保障与企业提供公交运营和客运站运行服务的互补合作。一方面，政府以建设或租赁等形式免费为合作企业提供所有办公及车辆停放、维保场所，包括但不限于客运枢纽站、公交站场、充换电站、首末站、公交站牌（亭）、港湾式停靠站及各站配套的水电暖设备，授予晋州市新干线公交客运有限公司公交及客运站经营权。同时，政府将公交运营及客运站运行的政府购买服务所需资金纳入财政预算，按季度拨付，并承担其提供的房屋建筑及配套水电暖设施、固定资产类设施、所属办公设施等的维修义务和相关费用，为企业提供公交运营及客运站基础设施建设资金保障。另一方面，合作企业需按政府要求开通并运行公交线路和客运站，提供公交和城乡客运服务，享有各级拨付的公交、客运的基础设施建设、运营等方面的补助。在运营期间，线路的变更及车辆的添置等计划需经政府批准，需接受政府的监督和检查。在合同期内企业享有上述所有建筑、商业及配套建筑的免费使用权，且在保证客运服务内容的前提下，可综合利用上述所有房屋及设施设备。

（二）全面发力，夯实基础，提升公交运营服务水平

推动公交服务设施提档升级。晋州市对城乡公交线路414个中途停靠站站牌进行提档升级，建成并投入使用中医院、市三中、光明桥站3个港湾式停靠站，在客流集中的10个站点设立电子站牌，实现车辆实时位置查询、到站提醒，提升了市民公交出行体验。加快运营管理信息化建设，建成了集调度指挥、运营管理、数据传输等功能于一体的公交运营调度指挥中心，建立了动态监控系统，公交车辆全部安装GPS定位，监控设备安装使用率达100%，实现了对车辆位置信息、发车时刻等的实时可视化展示；全部车辆安装了危险品检测装置，能够快速检测危险品并报警。上线公交手机客户端"公交E出行"App，向乘客提供公

交快讯、实时公交、出行换乘等查询服务，并开通微信公众号向乘客提供实时公交、咨询、投诉、客服等功能，方便群众出行。2018年6月，开通京津冀一卡通服务，成为河北省第一个正式进入一卡通系统的县市，所有公交车辆均可采用一卡通等非现金支付方式，累计发行老年卡、爱心卡3万余张。

图15-1　晋州市公交智能站牌

（三）因势利导，共享融合，构建完善农村物流网络

强化交通运输、邮政、商贸、供销等资源整合，支持邮政、快递企业依托既有农村客运站、电商服务中心、邮政局、农资站及商超等基础设施，将业务范围延伸至农村地区，促进农产品进城和农资、消费品下乡双向流通。在示范县创建期间，引进普洛斯、韵达快递等物流企业建设县级物流产业园，依托邮政所、电商站等建立乡镇村物流节点，基本形成了覆盖县、镇、村三级物流服务体系。此外，晋州市还搭建了B2B（企业到企业）"简禾易购"配送平台和B2C（企业到消费者）"灶火商城"互联网综合服务平台，上线商品共计2万余种，基本涵盖农村群众生活必需品，并通过新能源车辆分12条线路分拣配送，为村镇实体商户提供物流配送服务。

图15-2　邮政社区便民服务站

（四）绿色发展，助推转型，加快新能源车辆推广应用

晋州市购置50部电动公交车，市财政投资600余万元建设了电动公交车充电站，城区范围运营的38辆车均为新能源电动公交车，新干线公交客运有限公司两路公交入围"新能源公交示范路"。同时，引导企业按照绿色发展理念，购买68辆符合配送要求的新能源纯电动货运车辆开展物流配送服务。

图15-3　晋州客运枢纽中心停车场

三 取得成效

（一）城乡客运服务多元化发展

晋州市积极探索发展定制公交，开行了医院班线、职工班线、学生班线、旅游班线等。为定制单位提供公交服务时间、地点、人数、路径的定制化服务，为乘客提供一人一座、一站直达的特色公交出行服务，旅游公交2路助力全市旅游业快速发展，初步形成了以城区为中心、以乡镇为节点、以建制村为末端的多样化城乡公交服务网络，对市民差异化、个性化乘车需求的供给水平大幅提升，有效保障了居民出行的便捷性和多样性。

图15-4 运行在农村公路上的电动公交车

（二）农村电商物流发展特色彰显

晋州市结合五大产业空间布局，以物流企业为主体，升级改造乡村超市、邮政"三农"服务站、快递网点等基层农村物流节点，依托电子商务平台及自有物流装备，形成"生产-加工-销售"一体化模式，解决了农产品上行难题。在示范县创建期间，晋州市建成村"邮乐购"服务网点212个、"村村通"电商物流服务覆盖建制村224个，服务全县8个淘宝镇、29个淘宝村，发展供货商200家、零售商及物流终端客户1500多家，每日配送商品价值达到20余万元，通过引进村邮乐购、村村通、简禾等物流电商，构建起串联供应商、物流、商超和终端用户的农村物流电商新模式，每天配送订单达3000单以上，为村民提供"寄递不出村、购物不出村、销售不出村"的便捷服务，形成了多元发展、协调联动的农村物流大格局。

（三）安全发展条件保障得到强化

通过实施农村公交线路安全治理、建立动态监控系统、开展安保设施建设工程、提高车辆危险品自动检测装置安装率、设置港湾式停靠站、合理布设农村公路安防设施等方式，农村客运车辆动态监控设备安装使用率达100%，通客车农村公路线路安全隐患治理达到100%覆盖，城乡交通运输安全运营保障能力显著提升。

16 山西省平顺县：
客货并举，支撑特色产业强发展

一 基本情况

平顺县位于山西省长治市东南部，地处晋、冀、豫三省交界处，总面积为1550平方公里，辖5镇6乡、151个建制村，2021年末户籍人口为15万人。近年来，平顺县委、县政府把创建"城乡交通运输服务一体化示范县""全省城乡客运一体化试点县"和实施"村村通"工程作为实现交通强县和乡村振兴的重要抓手，着力构建普惠均等、便捷高效、智慧智能、安全可靠、衔接顺畅、便民利民、低碳绿色的现代道路运输服务体系，全面推进城乡交通运输一体化示范创建各项工作。

二 主要做法

（一）创新机制，破解资金制约难题

平顺县充分调动政府、企业、群众等多方力量，全力筹集道路建设所需资金。通过"国家补助帮一点、县级财政挤一点、金融部门贷一点、一事一议筹一点"的办法，群策群力、多措并举，建立健全"冷热线调配管理产生的效益+补助资金（燃油补贴、退坡资金等政策资金）+政府补助（成本规制）"的投入机制，确保村村通客车"开得通、留得住、运营好"。大力发扬自力更生、艰苦奋斗、自强不息、与时俱进的劳模精神，通过将征地拆迁过程中的补偿款优先集中用于道路建设（补偿款中村集体部分免予补偿，群众部分采取分期形式延缓发放）等方式，充分优化资金配置，全力筹集道路建设所需资金，奠定了城乡交通运输一体化的扎实基础。

（二）统筹谋划，强化基础设施保障

平顺县着力抓好"四好农村路"建设，从会战式建设向集中攻坚转变，从注重连通向提升建设质量和安全水平转变，从以建设为主向建管养运协调发展转变，不断提升农村公路安全水平、畅达水平和服务水平。截至2020年底，全县公路总里程达到1369公里，农村公路总里程达到1174公里，公路密度达到95.5公里/百平方公里。大力推进乡镇客运站的改扩建工作，完成15个乡镇客运站的改扩建和262个候车亭的建设。为保证新能源车辆的能源补给，充分引进社会资本，共吸引投资2600万元，新建了占地13亩的金港启航充电站，布设双充充电桩30个，保证电动公交车正常高效运行。

（三）增强活力，高质高效稳固发展

平顺县加快推进县内城乡客运公交化改造，按照"经营主体统一、经营成分多元"的发展思路，整合原有的两家道路运输企业，成立城乡公共客运管理中心，在对全县11个乡镇151个建制村的交通基础设施和出行规律调研的基础上，规划实施了"一站一中心三网三模式"的"1133"工程。采用"城乡公交+客运班线+定制班线"三种模式，实现了建制村通客车全覆盖。在车辆退出经营过程中，稳妥有序实施线路公司化经营，实现了公车公营、规范服务，对退出运营的车辆主体进行了补贴。

（四）整合资源，满足客货多元需求

为满足群众的多元化需求，县政府统筹协调县交通、邮政、商贸、供销等部门，进行资源整合，推进集客运、公交、小件快运、农村物流、邮政、电子商务等为一体的乡镇综合客运服务站点建设，实现了全县11个乡镇全覆盖，全面提升了农村站点的综合服务能力和水平。依托山西振东健康产业集团有限公司中药材物流园区和县电商快递物流中心，辐射带动符合条件的建制村，搭建县有园区、乡镇有站、村里有点的三级中药材收购网络。围绕快递、邮政、电商"三站合一、综合服务、一体解决"的目标，实施博淘电子商务有限公司、邮政公司、快递公司物流共建共享，已形成部分电子商务公司和物流公司、快递公司和公交公司等关于物流快递运输和小件快运的合作协议，建立了县城物流中心、乡镇物流站和村级物流点。搭建起农村地区"足不出户、一体解决"物流综合服务平台，实现了农村地区"零距离、门到门"公共服务。

三 取得成效

（一）优质出行服务覆盖基层

针对城市公交票价高、线路覆盖率不高的问题，经广泛征求群众意见，充分考虑群众承受能力，将县城公交票价确定为每人次1元，城乡公交按路程距离实行阶梯票价，新开通的106路公交票价由过去的15元、12元降至5元，对70岁以上老年人、军人、人民教师和学生等特殊人群，实行免费或优惠乘坐，显著降低群众出行负担。采用"城乡公交+客运班线+定制班线"三种模式，投入129辆车，开通44条线路，覆盖了11个乡镇、151个建制村、10多万名偏远山区村民百姓；实行"一村一策"，投入了11辆7座轻型客车，开通了定制班线服务，由乡镇综运站调度车辆，满足村民的出行需求，实现了全县所有建制村"村村通客车"。

（二）客货邮资源整合凸显实效

客、货、运、邮、游有效衔接，实现了农资、农副产品流通更顺畅便捷，电商业、旅游业发展更蓬勃兴旺，有力促进了城乡之间人流、物流、信息流、资金流的互联互通。依托全县三级物流网络体系，借助淘宝、抖音等热门直播平台进行农产品、药材销售。2019年，全县电商产业销售收入达到1.09亿元，13.4万农村人口、5.1万贫困人口从中受益。与旅游融合发展方面，开通旅游线路9条，不仅方便了游客出行，还带火了"乡村游""农家乐"的全域旅游。2019年，平顺县共接待游客353万人次，旅游综合收入达26.77亿元，其中乡村旅游接待游客165万人次，同比增长11%；农村居民人均可支配收入达到7854元，比创建初期增长了43%。

（三）服务特色经济带动脱贫致富

平顺县依托城乡交通运输一体化示范工程创建实施，奏响了美丽山城交通运输助力脱贫攻坚、服务全域旅游的最强音，带动了公路沿线的中药材规模种植，带快了风能、太阳能等新能源的快速发展，带火了"乡村游""农家乐"的全域旅游，点燃了农民兄弟的致富梦想。依托完善的交通基础设施网络和双向畅通、覆盖基层的客户服务网络，带动了产业致富。2020年，平顺县发展中药材种植面积3万余亩，种植中药材面积达到64.2万亩，实现中药材总产值近4亿元；带动了交旅融合，2020年平顺县共接待游客361.38万人次，其中乡村旅游共接待游客169.28万人次，实现旅游综合收入27.34亿元。

17 内蒙古自治区和林格尔县：
提升客货运输服务，助推乡村振兴

一 基本情况

和林格尔县位于内蒙古自治区呼和浩特市南部，下辖4个乡、4个镇、1个经济开发区，有蒙、汉、回、满等14个民族，2021年末常住人口为20.28万人，总面积为3436平方公里。近年来，和林格尔县加速城乡融合发展，加大资金投入力度，采取有力举措，创新运营管理方法，城乡交通运输管理水平明显提升，为社会经济发展和乡村振兴注入了新的活力。

二 主要做法

（一）规划引领，夯实城乡交通基础设施网络

和林格尔县出台了推进城乡公交化改造、电子商务进农村工程等实施方案，为城乡交通基础设施建设提供了规划保障。在示范县创建期间，累计建成12公里S103耳林岱—巧什营（机场进场）二级公路，投资超5.64亿元用于红色旅游公路和通村公路建设，完成149公里红色旅游公路建设和9.6公里的城关—盛乐经济园区道路改造工程，大大改善了群众出行条件。此外，升级改造和林格尔县汽车客运站，实现联网购票和站外100米直接换乘城市公交，实现了公路客运与城市公交便捷换乘。辖区内的4乡、4镇、1个经济开发区均已建设客运站，实现了城乡公交一体化。

（二）优化结构，打造惠民便民城乡客运体系

围绕城乡公共交通优先发展，积极推进城乡客运结构调整，全力打造全域公

交，通过推进城乡客运改造，畅通微循环、加密度、扩覆盖等方式，完成了车辆集约化、运营公交化，构建了城市公交、城乡公交、定制公交和扶贫专线等多元化城乡客运网络体系，城乡客运实现全部公交运营，城乡客运融合发展成效显著。和林格尔县现有城乡公交车辆12辆，运行线路11条，线路总运营里程为700公里。城乡公交严格按照"五统一"运行，即统一车型、统一发班时间、统一运营方式、统一票价、统一考核评价。

专栏17-1　和林格尔县打造城乡公交运营新模式

　　和林格尔县科学谋划，统筹安排，克服客运市场历史遗留问题，把燃油补贴退坡资金用于购买城乡公交车辆11辆，在8个乡镇开通11条扶贫专线，打通了村民出行的"最后一公里"，实现公共交通服务均等化、群众受益最大化，让群众在家门口就能坐上安全、舒适、低价的公交车。在车辆运营组织上，针对老百姓普遍存在的早上进县城办事、晚上返程回家的出行特征，同时兼顾减轻广大农民群众的出行负担，和林格尔县创新性采用了"车头朝下"的倒发车模式：城乡公交车每天早晨夏季6点、冬季7点从住宿点的建制村发车，上午到达县城对车辆进行安全检查，下午2点至3点半从县城返回。倒发车的运营模式，提高了车辆实载率，以低成本实现全县所有建制村公交全覆盖，基本形成了"以城到镇、城到村为主，镇到村、村到村为辅"的农村客运体系。和林格尔县通过城乡公交一体化建设让人民群众享受到出门就能坐上安全、舒适、低价的公交服务，让村民切切实实享受到交通建设的实惠。

（三）深化融合，提升城乡货运物流运输效率

　　和林格尔县充分利用乡镇邮政所现有场地资源，实现货物包裹寄递中转服务，全力打造"三级物流体系建设"标杆，助力电商下乡和农产品进城精准扶贫工作的推进。支持电商进农村，整合第三方物流快递公司，确保县、乡、村电子商务仓储及物流服务站点全覆盖。同时，通过多种措施形成现代市场销售网络，搭建了集商品采购、销售于一体的电商平台。依托邮政和电商物流体系，按照

"多点合一、资源共享"模式，构建了集客运、货运、邮政于一体的城乡货运物流体系，并建立了县级电子商务运营中心，在搭建农村购物和售物平台的同时，帮助特色农产品入驻网络销售平台，实现消费品下乡和农产品进城双向流通功能。在此基础上，和林格尔县积极打造农副产品冷链物流服务网，探索发展产地预冷、定制配送等全冷链物流，构建适应农村电子商务发展的物流配送体系，强化与本地重点物流快递企业的合作，完善了农村电子商务配送和综合服务网络。

图17-1　和林格尔县乡镇快递物流中心

（四）加速创新，搭建共享共赢资源整合平台

在示范县创建期间，和林格尔县紧紧抓住"中国云谷"建设契机，积极推进互联网和信息化技术应用，促进城乡资源共享。建立公交信息发布系统，开设微信公众号，布设场站电子屏，帮助居民提前了解公交信息，提高居民出行效率。引入移动支付，实现多种支付方式乘坐公交，实行惠民便民服务政策，实现全移动支付方式乘车。搭建智慧出租服务平台，建成出租汽车智能调度平台，提供"全民电召"、车辆定位、失物查找等服务，已实现全县出租汽车全部接入。建立智能配送示范基地，联合京东物流完成继"京东亚洲一号内蒙古智能物流园"之后落地的又一个智能物流配送项目，全面开启物流末端无人配送模式，不仅通过高负荷、全天候的方式节省人力投入，降低供应链物流成本，同时提升了物流智能化水平，给居民带来全新的消费体验和智慧服务。利用和林格尔县特有的云计算企业优势，引进阿里巴巴等知名企业，打造统一流量入口，并依托"万村千乡市场工程"、供销、农村网络体系以及大型龙头流通企业、电商企业，实现了线上线下资源的有效整合。

（五）强化保障，优化城乡交通发展健康环境

和林格尔县将"四好农村路"建设和城乡公交化改造工作一并纳入城乡交通运输一体化工作领导小组的领导，统筹协调推进各项工作。与此同时，和林格尔县将城乡交通运输一体化作为重点建设任务纳入政府工作报告，持续加大本级财政投入，将创建城乡交通运输一体化示范县工作经费列入财政预算，加大专项资金补贴力度。在示范县创建期间，和林格尔县开通了11条扶贫专线，均享受燃油退坡资金补贴，并创新了投入方式，通过政府购买服务、新增地方政府债券等方式，争取了更多的专项资金投向城乡交通运输一体化示范县创建。此外，和林格尔县鼓励企业和个人捐款，以及利用道路冠名权、绿化权等多种方式筹集社会资金用于发展城乡交通一体化，引导社会资金积极参与。

三 取得成效

（一）惠民利民，共享城乡交通发展成果

和林格尔县开通扶贫客运专线11条，覆盖了全县143个建制村，辐射全县600个自然村，实现了县、乡、村公交一体化运营。在示范县创建期间，全县城乡公交票价大幅降低，50公里内的客运线路票价由13元降低至5元，超过50公里的客运线路票价由20元降低至10元，打破了客运资源的城乡二元分割局面，实现了公共交通服务均等化。通过示范创建，建制村通客车率达到100%，城乡道路客运车辆公交化率达到100%。

（二）交旅融合，助推乡村振兴持续发展

和林格尔县升级了金盛路、和盛路等景观游览线路，全面加强旅游交通网络建设，形成了航空、铁路、公路齐备，公交车、自行车、游步道健全的旅游交通体系。同时将交通基础产业建设与培育"花海和林"全域旅游品牌紧密结合。提升南山旅游核心景区周边道路、公交设施，打造以蒙树、蒙草为辅助，以乡村旅

游为辐射的全域花海和林交通景观，形成了三季有花、四季有景的良好交通路域环境。经过努力，和林格尔县成功创建了2020年自治区全域旅游示范区。交通和旅游的融合发展，为乡村振兴注入了新的活力，带动乡村旅游产业经济持续增长。

（三）优化环境，形成产业兴县持续动力

和林格尔县交通基础设施的改善提升，为产业发展提供了良好的硬件保障。内蒙古知名企业和一大批上市企业入驻经济开发区与和林格尔新区，带动了物流快递的飞速发展，打通了工业产品和农村特色产品的便捷销售渠道。扶贫公交专线的开通，加速了农村地区百姓出行需求的释放，为产业发展提供了充足的劳动力资源，也促进了多层次地开发公益扶贫岗位，为脱贫后防返贫筑牢了基础防线。交通建设也对内蒙古蒙牛乳业（集团）股份有限公司、蒙草生态环境（集团）股份有限公司、内蒙古显鸿科技股份有限公司等一批行业领军企业发展提供了坚实的运输服务保障。

18 黑龙江省富裕县：
县域公交全覆盖，打造城乡客运新格局

一 基本情况

富裕县位于黑龙江省西部，隶属齐齐哈尔市，总面积为4026平方公里，下辖6个镇、4个乡、90个建制村，2021年末常住人口为27.44万人。近年来，富裕县将城乡客运一体化改革作为推进城乡交通运输一体化建设的重点任务，紧紧把握完善基础设施、强化运营管理、打造优质服务等关键环节，大力破解农村群众出行难题，实现公交"屯屯通"，形成了基础完备、运转高效、群众满意的城乡交通运输体系，节约集约、资源共享、和谐发展的城乡一体化格局正在凸显。

二 主要做法

（一）夯实城乡一体衔接的"新基础"

一是完善路网。在示范县创建期间，富裕县累计投入1.69亿元，新建191公里通村道路，修复46公里破损路面，实施100公里安保工程，改造26个农村公路危桥，全县农村公路"优、良、中"等公路占比超过75%，形成内通外联的城乡交通基础设施网络，为实施城乡客运改革奠定了基础。

二是补齐公交短板。富裕县整合项目资金、企业自筹资金、财政奖励资金共计5000多万元，购置新能源公交车164辆、充电桩138座。采取示范先行的办法，2018年率先在北部三个乡镇实施改革，得到百姓充分认可后，2019年再投放至南部6个乡镇使用。规划设计38条城乡公交线路覆盖全县所有村屯，线路平均每天达到4~6个班次，日均周转客流6000余人次，农村群众出行问题得到有效解决，城乡客运服务能力全面提升。

三是强化配套设施。建设了集线路始发、乘客办卡和咨询服务等功能于一体的县客运总站，开拓往返市内、讷河、依安等跨区域市际、城际公交客运业务，在县内改造升级原有公交站点，增设18个停靠点，新建70个标准适宜、经济实用的农村客运停靠站，精准布设在村屯人口较为集中的区域。

专栏18-1 试点先行，全面推广，实现县域公交全覆盖

富裕县本着"先易后难、示范引领"的原则，在北部深度贫困乡镇实施农村客运公交化试点改革。出台城乡公交改造政策支持，通过对实施城乡公交改造的企业给予新能源车辆每辆2万元购车补贴、无偿划拨用地等措施，激励两家客运企业主动回应改革，累计投入2800万元采购宇通新能源客运车辆44辆，建设主充电场站1处，充电能力60标台，乡镇临时充电站2处。改造干线公交2条，支线公交17条，覆盖三个乡镇，25个建制村，实现了北部区各村及中心屯的全覆盖，日增加班次6次，票价在原客运票价的基础上下降60%，客运量由过去的日均不到400人次增长至日均2000人次，黑车及违规拼客出租汽车不复存在。自北部城乡公交开通以来，群众对城乡客运服务的满意度大幅提升，过去积累的客运行业矛盾有效化解，实现了群众满意、企业赚钱，"绿色、经济、高效、便捷"的交通运输公共服务进村入户。

2019年，在民营企业全力投资的情况下，以交通运输国有资产、资源为纽带，合并两家民营企业，组建国有控股混合所有制运输企业，扩大规模效益，扩宽投融资能力，全面推进县域公交全覆盖战略。依法收回许可到期线路17条，更新购置新能源车100辆，开通南部城乡公交。

（二）搭建城乡一体运行的"新架子"

一是组建机构完善运营。针对公益性客运资产投入重、收益见效慢的特征，整合两家民营运输企业，组建黑龙江富裕交通运输有限公司，按照国有、民营占股份额实行分红或再投资的运作机制，形成"一城一企、一城一交"的良性结构。

二是精算收益规避风险。对城乡公交一体化项目的可行性进行深入分析，保守测算运营收入和政策补贴性收入，据实估算车辆用电、人员工资、税金等运营成本，客观出具项目财务评价，科学编制运营可行性报告，充分研判项目风险，制定决策机制、科学管理、安全生产、开拓市场、资金规划等五项应对措施，为项目实施铺平道路。

三是明确责任落实监管。明确城乡公交驾驶员主体责任，将车辆清洁、维护、服务乘客等事项纳入驾驶员考核机制，建立完善奖惩机制；车上均装有动态卫星监控设备和高清摄像头，对所有公交车辆运行进行实时监控，确保城乡公交健康发展。

（三）开好城乡一体服务的"便民车"

一是强化安全保障。为所有公交车配备超速提醒装置，实现车辆行驶超速自动报警，避免超速风险；同时，在县内主干道允许公交车占右转道直行，化解因公交车辆变更车道造成的交通拥堵难题。

二是提升惠民力度。全面下调乘车票价，将过去通村客车10~15元的票价统一调整为3~7元；拓展"一卡通"业务，百姓可以在公交车上直接办理开卡业务，实施刷卡乘车优惠（票价3~5元）服务，充分满足通勤上班族、边远打工族的出行需求。

三是优化信息服务。在所有公交站点、站牌上均粘贴了全县城乡公交线路图，配以乘车时刻表，方便百姓根据个人需求合理乘车；县融媒体中心在"走进富裕"公众号上设立了城乡公交乘车专栏，在疫情期间，线路时刻表调整频次较高，公众号专栏作为可靠及时的信息来源让人民群众的出行更加方便、快捷，得到人民群众的一致认可。

图18-1 富裕县城乡客运服务

三 取得成效

（一）农村群众出行难题全面化解

作为黑龙江省首个县域公交全覆盖的县份，富裕县城乡客运的快速发展和农村路网的显著改善，为农村群众生产生活提供了基础保障。农村客运公交化改革后，全县日均客运量从252人次激增至4000人次，实现了农民进城随时都有公交车，结束了"起早贪黑赶、站在村头等、守在门外盼"的客运局面。城乡客运低票价则惠及了广大人民群众，经测算，2020年富裕县降低群众出行费用近3000万元。

（二）城乡客运市场环境全面净化

规范清理挂靠经营，为客运行业松绑，依法收回经营权并面向社会公开招标，让客运"抢线"和违法经营彻底成为历史，"一城一企、一城一交"的良性结构规范了客运经营服务行为。公交价格下调后，"黑车"利润空间受到挤压，车主维权、打击"黑车"等一系列行业危机全面化解，主管部门执法效率得到提升，农村居民出行更加安全。

（三）农村客货融合带动经济提速

城乡公交的开通，促进了城乡客运、货物、邮政快递等资源共享，打破了城乡经济发展二元结构。公交车运载同城商品、快递进村，解决了快递物流到家到户的"最后一公里"问题，实现了"人便于行，货畅其流"，直接带动了乡村经济发展，改善了农村特色产业、休闲农业和乡村旅游等的交通条件，进一步提升了交通服务旅游的保障能力，传统村落、休闲农业聚集村、休闲农园、"农家乐"等乡村特色旅游区域客流量全面上涨，"运游一体"服务得到进一步拓展，在示范县创建期间，全县农村人均可支配收入由9346元增长至13080元，增幅达到40%。

19 浙江省杭州市临安区：
理顺客运经营体制，创建农村物流品牌

一 基本情况

临安区地处浙江省西北部天目山区，地形以山地丘陵为主，素有"九山半水半分田"之称，总面积为3118.7平方公里，是浙江省陆地面积最大的区县。全区共有5个街道，13个乡镇，270个建制村，38个居委会（社区）。2021年末，全区户籍人口为54.22万人，其中农村人口为38.26万人，占比超过70%。近年来，临安区委、区政府将城乡交通运输一体化建设作为打造"城西科创新城·美丽幸福临安"的重要内容，以融杭发展为主线，大力推进交通基础设施建设，推进城乡客运一体化改造，探索培育"报刊发行+农村物流"新模式，走出一条城乡交通运输一体化助推经济社会发展的新路径。

二 主要做法

（一）加大道路建设投入，在完善基础设施上下功夫

一是全力推进重点项目。坚持把交通重点项目作为先导工程，积极谋划和提升改造新的交通主干道，着力构建融杭半小时交通圈。杭州地铁16号线、科技大道改扩建、杭州绕城西复线、330国道等一大批交通基础设施项目相继建成；临金高速公路、206省道一期等项目加快推进。

二是全面提升农村公路。从老百姓呼声最高的乡村道入手，推进农村公路改造提升。全面实施"美丽公路"和"四好农村路"建设，打造美丽经济交通走廊690公里，建成"四好农村路"1289公里，全面消除等外公路，建设里程之多、

力度之大、覆盖面之广均位居浙江省前列。

三是全速打通城市瓶颈。结合老城有机更新，高标准、严要求，全面提升城市内部交通路网，在示范县创建期间，临安区建成城市道路75条，打通城市断头路25条，建成区城市道路网总里程由原先的82公里提升至198公里，建成区道路网密度达到7.62公里/平方公里，城区交通畅通能力极大提升。

（二）理顺客运经营体制，在提升客运服务上下功夫

一是优化城乡公交线路，拓展融杭深度。在保持昌化、於潜2个副中心城市进入杭州市班线直达杭州西站的基础上，新开通杭州火车东站至昌化、於潜公交专线。临安进杭公交深入余杭蒋村、杭州西站、杭州黄龙公交站、杭州火车东站的直达公交专线，日均客运量1.2万人次。完成临安融杭公交一体化改造，临安全域公交执行与杭州主城区统一的票价体系、线路编码和优惠政策，打破了城乡客运二元结构，实现与杭州主城区在公共交通上的同城同待遇。

二是改造农村公交线路，真正实现"村村通"。完成临安区"村村通"三年行动计划，2015年至2017年累计投入1.2亿元，国有收购改造原承包经营的农村客运车辆284辆。截至2021年底，公交公司开通城乡公交线路207条、公交车辆707辆、线路运营里程4653公里，270个建制村均实现公交"村村通"。此外，每年新增15~20个实现农村公交通达的较大自然村，全区较大自然村公交通达率达到95%以上。城乡客运一体化水平持续保持5A级水平。同时，为方便市民出行，新辟太湖源旅游专线、"遇见吴越国"数字文旅专线及求知专线、就医专线等服务。

三是推进客运场站建设，完备运输体系。为适应临安中心城区—镇（街）—建制村三级公交网络，全力推进公交场站建设。在示范县创建期间，临安区新建公交枢纽站1个、公交首末站和乡镇公交站22个、港湾式停靠站218个。截至2021年底，临安区共有公交站点4208个，中心城区公交站点500米覆盖率达到100%。

图19-1 城乡均等客运服务

（三）建立农村三级网络，在农村物流服务上下功夫

一是建立网络体系。为解决农村物流体系配送半径小、时效慢、成本高等问题，2018年，临安区结合行政区域和道路特点，依托杭州城乡通商务有限公司，建立县、乡、村三级农村物流体系，建设县级农村物流中心1个、中转仓3个、镇物流服务站14个，镇村农村物流服务站（点）覆盖率达100%。在每个建制村、城区居民集中居住小区、大型商业批发商城、农贸市场、学校、医院等地共计设置320个物流服务点。服务中心和服务站有中转、装卸、分拣等功能，并提供农产品、农资、日杂用品的代销代购服务。

二是引导跨界协作。城乡通配送体系充分利用杭州日报的发行网络和遍布农村的投递员队伍资源，在拥有78类报纸、杂志、单据发行配送的基础上，增加班车车次和车辆，确保包裹村村都能送达。杭州城乡交通商务有限公司共有服务人员300多人，培训"农村经济人"2000余人次，拓展业务范围。同时，引导企业与杭州云彩农业开发有限公司、梅大姐高山蔬菜、杭州临安锦兴农业开发有限公司等17家农产品企业，与唯品会、宅急送、京东、花加、百世、韵达等6家电商企业开展了业务合作，提供物流服务。

专栏19-1 打造"报刊发行+农村物流"服务品牌

临安区以杭州日报国企混改政策调整为契机，引入民资，成立了由杭州日报报业集团、杭州日报临安区发行公司和民企三方共同出资组建的杭州城乡通商务有限公司，形成快速适应市场变化和决策的股权结构，突出与原报刊配送资源、与"四通一达"等快递资源的整合，将全区270个建制村和38个社区连接成一张全覆盖、高时效的区域物流网络，搭建"城乡通"三级配送体系。与此同时，"城乡通"企业创新内部管理模式，探索员工从雇佣制向合伙制转变，将超目标利润的30%分配给员工，并建立"基本工资+绩效工资+质量奖+业务提成"的薪酬分配机制，进一步激发配送员积极性和企业活力，提高配送服务质量。三级物流网络体系投运以来，已运送包裹28万多个，单件物流时间节省时间50%以上，为老百姓节省配送费用30%以上，应需送货上门率达100%。

三是督促规范运营。督促城乡通企业按照农村物流节点体系建设标准开展各节点物流设施建设，开发信息管理系统，实现个人电脑（PC）端、手机App、微信点对点应用，提高人员、货物、网点、车辆的协同优化和智能调度。投入16辆厢式车和27辆电动三轮车，开通8条干线和10条支线共计18条农村物流货运班车线路，货运班车实行定线、定班、定时，实现每个建制村及部分偏远自然村每天都有物流班车往返。

图19-2 农村物流打通"最后一公里"

（四）研究出台政策机制，在优化发展环境上下功夫

一是出台农村公路建设管养办法。为全面推动"四好农村路"建设，修订农村公路建设与养护管理办法，明确各级职责，健全管养制度，落实管养人员和经费；出台"四好农村路"建设三年（2018—2020）行动方案，围绕主要县道的提升改造，等外路和低等级公路的改造升级，确定了三年的行动目标和基本任务。

二是建立公交长效发展机制。编制《临安区公共交通发展规划（2017—2025）》，明确了公共交通发展方向和主要任务；印发《临安区优先发展城乡公共交通的实施意见》（临政函〔2018〕2号），实施公交营运服务成本规制、绩效评价和服务质量考核。

三是出台农村物流建设扶持政策。出台推进现代服务业发展、加快电子商务发展的扶持政策，对商贸与物流业项目给予财政资金补助和扶持，先后落实补助资金2000余万元。制定"四好农村路"高品质运营好财政补助政策、农村物流服务点建设考核办法，对农村物流建设以奖代补220万元。

（五）实施科技强交项目，在打造绿色交通上下功夫

一是公交出行服务智能化。 推出"临安运政"微信公众号，提供最新政策法规、交通行业办事指南、运政行业通知或公告等服务，查询公交实时路径、班车发车时刻等相关信息，公众号注册用户近30万人，日使用量达10万人次；全区公交车实现刷卡和移动支付全覆盖。

二是运力装备绿色化。 结合大气污染防治和"蓝天保卫战"行动，推广清洁能源车辆，主城区313辆出租汽车全部转为油气混合动力，既降低了汽车废气排放，又节省了运营成本。新增新能源公交车辆299辆，在2020年之前，实施中心城区燃油公交车"清零"行动，实现临安主城区新能源公交全覆盖。大力推广公共自行车，设置公共自行车服务点92个，投放公共自行车2000辆。

三是重点行业监管可视化。 建立交通信息指挥中心，对区域内出租汽车、城市公交、农村公交、"两客一危"车辆全部安装全球定位系统（GPS）实时监控，落实专人利用视频监控技术每天对驾驶人员的操作行为进行抽查，发现问题及时处理。在示范县创建期间，通过实时监控平台查处各类违章行为1267起。同时，利用信息指挥平台，针对灾害性天气和特殊路段突发情况交通应急处置，实时监控48个易发生积雪结冰路段、29个洪水易淹没路段、49座重点桥梁、27个隧道、63个高边坡易塌方路段，实现交通综合信息指挥中心的个性化分类指挥。

三 取得成效

（一）打造美丽公路，让乡村更靓丽

以"全域景区化"为目标，建承载乡愁的风情之路。打造农村公路景观节点

和特色节点130余个，因地制宜规划建设停车场（点）、公路服务站50余个，通过农村公路及沿线"拆、整、补、添、改、露、遮、拦、换、建"，提升公路绿化300余公里，以美丽公路为载体，将散落在临安各处的自然禀赋和特色资源"串点成带、连片成景"，打造乡村振兴新样板，实现绿化上提升、色彩上丰富、节点上出彩、管理上规范，打造移步换景的"流动公园"。除修路添绿，还注重挖掘具有乡村气息的传统文化，实现"一线一品、各具特色"。近年来，临安区精心打造的700余个文化主题节点，各有腔调，让记忆里的乡愁成为看得见的风景，既涨了"颜值"，又添了气质。205省道入选"全省十大最美自驾公路"、县道大鱼线入选"全省十大最美农村路"。实施"八线十景"工程，即沿八条美丽乡村连接线，打造十个示范型村落景区，其中昌文线连接了古韵河桥、温泉小镇等示范型村落景区，已经连续两年举办半程马拉松赛事，知名度、美誉度不断提升。

（二）健全运营体系，让农民出行更便捷

结合"四好农村路"建设，新改建农村公路1300余公里，全区663个自然村全部铺设沥青路面，小汽车均可开到家家户户门口。农村公交一体化改造后，全区所有建制村实现农村公交全覆盖，自然村公交通达率达95%以上，解决了原来很多偏远农村亏损线路无人愿意运营、村民出行不方便的问题。政府每年拿出1.3亿元购买公交服务，公交票价大幅下降，实行1~6元阶梯票价，一般线路票价为2元，最长的线路票价由原来的18元下降到6元（刷卡5元）。同时推出优惠政策，除伤残军人、军烈属凭证件优惠乘车外，70岁以上老年人免费乘车，60岁以上老年人乘车半价，还推出90分钟内换乘免票一次的服务，大大降低了广大民众的出行成本。建设农村物流服务点320个，覆盖了所有建制村，打造"城乡通"农村物流服务品牌，建立区、镇、村三级物流服务网络，彻底打通群众出行和农村物流"最后一公里"，吸引帮助农村青年回乡创业、家门口就业，推动交通运输服务水平提质增效。

（三）致力产业提升，让农村更富美

探索"农村公路+"旅游、产业、文化等发展模式，将农村公路建设成为特

色致富路、美好生活路、乡村文化路和平安放心路，实现修一条路、造一片景、活一地经济、富一方百姓。在"四好农村路"等沿线，"三大新城"建设日新月异，锦南颐养小镇、高虹光电小镇、红叶指南小镇、湍口温泉小镇等特色小镇活力迸发，"创客"经济、生态旅游、观光农业、高端民宿、电子商务等产业方兴未艾，新时代乡村振兴沿路不断延伸。2020年，全区共接待国内外游客1982.29万人次，实现旅游经济总收入238.51亿元，同比分别增长19.03%和23.82%。农村居民人均可支配收入增长了8.9%。例如，配合高虹镇龙门秘境村落景区，将大鱼线纳入美丽经济交通走廊重点打造，建成后的大鱼线符合三级公路标准，路面宽度达到6米以上，附属设施十分完善，并增设多处公交停靠站及景观台，一改先前拥堵的场景，曾经的穷乡僻壤瞬间成为远近闻名的"网红村"，该村年糕产业成为香饽饽，每天预订量在500公斤以上；高山蔬菜的收购价也比往年提高了20%以上，仅此一项使人均收入增加8000~10000元。

20 安徽省舒城县：
发展全域公交，助力乡村振兴

一 基本情况

舒城县隶属于安徽省六安市，总面积为2100平方公里，下辖15个镇、6个乡，设有1个开发区，2021年末户籍人口为98.29万人。近年来，舒城县委、县政府将城乡公交一体化工作作为一项县级自主增设的民生工程，提升到政府层面，以创建城乡交通运输一体化示范县及安徽省"城乡客运一体化示范县"和"优先发展公共交通示范城市"为契机，大力推进"公交优先"和"公交下乡"战略，县政府每年投入3800万元补贴，提升运输企业可持续经营能力，探索"财政兜底、一元普惠、城乡一体"的民生公交模式和公交、充电、物流"三站合一"综合服务站建设模式，形成了具有舒城特色的城乡交通运输一体化格局。

二 主要做法

（一）坚持基础先行，高质量建好农村公路

一是打通"大动脉"。舒城县总计投入70亿元，升级改造国省干道174公里，建成全长31公里、环内面积60平方公里的县城外环，形成了"一环五射""八条通道连省会"的交通路网格局。在国省干线改造中，舒城县投资15亿元建设主线长42公里、支线长42公里的环万佛湖旅游扶贫公路，带动沿湖6个乡镇26万名群众脱贫致富。

图20-1 棠树乡窑墩村农村公路

图20-2 环万佛湖旅游公路

二是连接"神经末梢"。投入17亿元实施3354公里农村道路建设，全县394个建制村均通1条路面宽度不小于3.5米的乡村公路，全县20户以上自然村"组组通"实现100%。通过道路建设，夯实群众致富基础，为公交通达创造良好的通行环境。

（二）坚持民生普惠，高品质运营城乡公交

一是注重政策支持。进一步加大城乡公交一体化的政策支持力度，制定出台城乡公交一体化工程运营管护办法及城乡公交一体化工程运行管护工作考评细则，明确相关县直部门、属地乡镇和县公交公司对城乡公交的管护职责；出台统一标准，细化对镇村公交公司的考核细则，从而确保城乡公交一体化推进有要素支撑、有资金支持、有部门监管，有力保证了城乡公交健康可持续发展。

二是注重规划引领。按照"县乡合办、乡镇为主"的模式，在城乡公交三级客运网络上，推动城乡公交与城市公交线路合并融合，直接通达城区中心，统一由县国有企业通运公交有限责任公司运营管理；镇村公交、镇镇公交循环相连、通村达组，由乡镇出资成立的镇村公交公司运营管理，由县政府负责牵头开展线路评估、设置开通等工作。镇村公交同步执行1元票价制度，运营亏损由县乡两级财政共同承担，其中县财政对每个站场补贴50万元，对每台镇村公交车辆每年按6万~7万元的标准进行补贴。

三是注重普惠民生。严格按照"公车公营"和"六统一"公交化模式运营管理，坚持"财政兜底、民生普惠、城乡一体"的理念，实行"全县一个价、全年

一个价、上车一块钱"和70岁以上老年人等5类人群免费乘车的惠民票价政策，将城乡公交一体化纳入县级自主民生工程，一次性投入9000万元，县财政每年拿出3800万元用于公交运营补贴，在全省率先实现村村通公交。目前，全县开通85条城乡和镇村公交线路，投入公交车396辆，年行驶里程达1500万公里，运送旅客超过2800万人次。

图20-3　桃溪公交开通

（三）坚持改革创新，高标准提升服务质量

一是打造智能公交。投资500多万元建立公交智能调度系统，将所有的镇村公交接入监控平台，开发应用掌上公交、微信公交，方便群众乘车，城乡公交和镇村公交实现智能监控全覆盖。开发"舒城通"App，群众可实时查询车辆和乘车站点，公交公司通过软件及时收集出行需求、精准安排车辆。

图20-4　舒城县公交智能调度监控中心

　　二是推广绿色公交。舒城县抓住新能源汽车政策补贴机遇期，优先发展新能源公交车，先后在城区公交、镇村公交线路上，投放新能源公交车240辆，全年新能源公交车行驶里程800多万公里。同时，完善配套设施，统筹全县充电站布局，在城区主要公交站场和所有乡镇综合服务站布设充电设施，架设变压器20座，安装充电桩152个。

　　三是优创特色公交。打造学生公交、园区公交、旅游公交等多条特色线路，开通舒城二中新校区学生上学专线5条，并为学生办理半价公交卡，保障学生上下学出行安全；开通12条"接你上班 送你回家"杭埠园区定制公交专线，基本实现舒城本地务工人员"出家门、上车门、进厂门"无缝衔接，累计发送杭埠园区定制公交专线8600趟次，安全运送园区企业员工25万人次；开通环湖旅游公交502、503路，并以万佛湖公交换乘中心为中转站连接其他城乡公交线路，方便游客沿湖观光及环湖周边群众出行。

图20-5　园区定制公交专线

（四）坚持综合开发，高水平探索融合发展

　　一是构建三级网络。在所有乡镇建成集公交、充电、农村物流等功能于一体的综合服务站，公交车和物流车共享场地、充电等设施，整合快递物流公司乡镇服务点全部进驻交通综合服务站，统一标志标识、统一服务规范、统一收费标准，方便群众集中取件寄件；同步整合县公交、县商务、邮政公司等部门资源，利用村委会、村扶贫驿站、村超市等建设物流代办点，完善村级末端网点。构建

起1个县级商贸物流产业园、21个乡镇综合服务站、415个村级物流节点的"三级网络"，2020年综合服务站点日均收入邮件900件左右，日均寄出20件左右，有效解决"工业品下乡""农产品进城"双向流通问题。

二是拓展公交邮路。充分发挥镇村公交通村达组的网络优势，开拓"公交帮你代"业务，把快递物品通过镇村公交直接投递到村民手中。已开辟县乡公交代运线路2条、乡镇循环公交线路2条，2020年日均代运邮件量200件左右。

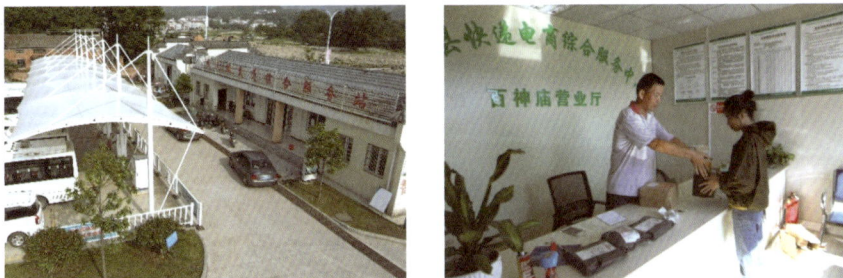

图20-6　乡镇交通综合服务站及快递综合服务中心

三　取得成效

（一）群众生活更加便捷

城乡公交的公益性运营让老百姓得到了实实在在的实惠。一方面群众出行成本得到节约，城乡公交开通后，客流量翻了近3倍，执行全程1元/人次票价和社会福利性票价优惠政策，每年为全县群众节约出行成本2.5亿元，是真正惠及群众的民生工程。另一方面，群众生活质量得到提升。公交低廉、便利、安全的服务，极大地刺激了群众的出行需求，城乡交流更为频繁，城乡间商品的价格和品质差异逐步缩小，特别是农村商品销售市场的假冒伪劣产品正逐步被淘汰。

（二）行业管理更加规范

城乡公交的一体化融合，使线网更加优化，90%的农村群众会选择公交出行。"1元公交"也彻底挤垮了"黑车"的生存空间，彻底解决了农村客运市场安全隐患大、服务质量低、群众不满意的突出难题，有效地净化了县内客运市场。

（三）经济发展更加有力

实行"1元公交"后，城乡距离拉近，对周边地区的吸引力进一步加大，为进城购物、就业、上学、就医、农副产品销售等带来了便利；运输成本大幅下降，土特产等农副产品的销售渠道进一步扩大，企业用工条件得到进一步改善，全县整体投资和用工环境得以显著改善，县级财税收收入呈逐年稳步上升趋势。

（四）政府治理更加有效

舒城县城乡公交实行1元票价制度，政府虽然每年要"亏"3800万元的运营补贴，但城乡公交真正把县城与广大农村连为了一体，悄然把县政府和全县老百姓的心连在了一起，"赚"来的是全县近100万名人民群众的真心拥护和支持。

21 河南省上蔡县：
完善服务网络，推进农村运输资源共享

一 基本情况

上蔡县位于河南省东南部、驻马店市东北部，总面积为1529平方公里，下辖22个乡镇和4个街道办事处，2020年末户籍人口约为160万人，是人口大县、农业大县。近年来，上蔡县加强交通运输基础设施建设，构建城乡一体出行服务网络，推进客货运邮融合发展，形成了城乡交通运输一体化发展格局，有力助推了全县乡村振兴和经济综合实力提升。

二 主要做法

（一）打牢基础，抢抓机遇

上蔡县编制了城乡交通运输一体化规划，对城乡交通运输一体化进行总体设计，明确了总体思路及建设目标，将798公里公路、10个场站项目、1个信息平台和客运网络、物流体系纳入城乡交通运输一体化建设统一规划。抢抓政策机遇，高标准实施商南、安罗高速公路及综合客运站、河南空港物流园、上蔡县电子商务公共服务中心等重大项目建设，持续推进"四好农村路"建设，实现全县所有乡镇和建制村实现100%通硬化路，为城乡交通运输一体化发展提供了基础保障。

（二）财政支持，保障发展

为加强对农村客运的补贴力度和老年人乘坐公交的优惠力度，上蔡县制定了城市公交和农村客运成本规制及财政补贴补偿办法，实行专项补贴，将补贴资

金纳入政府年度财政预算，每年给予运营补贴980万元，保障城市公交可持续发展，确保通村客车"开得通、留得住"。

（三）公交优先，城乡一体

一是拓展城市公交覆盖面。将4条公交线路向县城周边乡镇延伸，形成了穿越城区、连接县城周边9个乡镇的公交线网，使公交覆盖的建制村增加了96个，其中贫困村44个，极大地方便了群众出行，有力地助推了地方经济发展。

二是完善农村客运服务网络。在纵向城乡客运线路基础上，以真通实达为目标，合理设计17条横向循环的乡镇—村、村—村客运班线，多措并举开通"1元客车"，构筑以县城为中心、以乡镇为支撑、以建制村为节点，纵横交织的县域农村客运网络，全县22个乡镇、415个建制村通客车率达到100%，有效满足了农民群众的出行需求。

三是打造互联共用的线网站点。将农村客运线路与城市公交线路、各农村客运线路之间相互连接，在城乡接合部将8个城市公交站亭与农村客运车辆停靠点共用，乘客可根据出行需要合理选择乘车线路和上下车地点，使建制村直达或一次中转到县城的比例达到100%，进一步提升了农村客运的便利化程度。

四是进一步规范管理提升服务。制定农村道路客运班线通行条件联合审核实施细则，建立由交通、公安、安监、乡镇政府等协同参与的联合审核机制，确保了农村客运市场的安全、规范、有序发展。明确农村客运服务规范，对新投入农村客运车辆实行统一车型、统一外观标识。

图21-1　城乡公交运营服务

图21-2　农村客运班线通行条件审核

（四）构建网络，资源共享

一是打造综合物流园区。依托中原空港物流园作为县级物流中心，引入大型骨干物流企业，将其打造为集物流、快递、仓储、电子商务等功能于一体的综合性"互联网+"物流园区，承担县级农村物流中心功能，加强乡镇农村物流服务站及村级农村物流服务点建设，构建县、乡、村三级农村物流节点体系。

二是提升邮政快递普遍服务能力。加强农村地区邮政基础设施建设，建立乡镇及农村邮政可持续运营长效机制，促进投递深度向下延伸，全县22个乡镇邮政营业及快递服务网点全覆盖，实现了所有建制村邮政直投到村，农村快递末端网络基本健全。

三是加强农村交通运输资源整合。按照"多点合一、资源共享"模式，建成邵店等7个集客运、货运、快递、供销等于一体的乡镇综合客运服务站点。引导交通运输、商贸、快递、供销等物流资源的整合，促进农产品进城和农资、消费品下乡双向流通，所有乡镇、建制村农村物流、快递服务覆盖率达到100%。

三 取得成效

（一）确保了群众安全、便捷、经济出行

依托综合交通运输管理服务平台，上蔡县实现了对农村客车运行情况的实时监管；建立了覆盖全县所有乡镇和建制村的县域客运服务网络，实现了城市公交与农村客运无缝衔接；推进"互联网+交通"融合发展，智能调度等信息技术广泛应用，开发"上蔡行"交通出行App，群众出行体验得到提升；确立城市公交和农村客运的公益属性，"乡村1元客车"全程投币1元，刷IC卡仅需0.8元，对小学生及护送家长、60岁以上老年人、盲人及下肢残疾人、伤残军人及现役军人实行免票优惠乘车，让农民群众与城镇居民享受无差别、均等化的出行服务。农村客运服务质量群众满意率达到90%以上。

（二）实现了交通与物流、电商等的融合发展

通过建设县级物流中心，整合了众多物流快递公司资源，建立物流运行网络，形成了以物流园区为中心、以乡镇服务站和村级服务点为支撑的县、乡、村三级物流配送服务体系。通过上蔡县电子商务公共服务中心，解决了电商配送问题，通过京东、天猫、淘宝、快手、抖音等网络平台，打通了农特产品外销渠道，畅通了生产生活物资双向流通。将"1路"公交线路延伸至上蔡国家农村产业融合发展示范园，有力支持了农村特色产业和休闲农业、乡村旅游产业发展。

（三）助推了经济发展，服务了脱贫攻坚战

以创建城乡道路客运一体化、城乡交通运输一体化、"四好农村路"及"万村通客车提质工程"示范县为契机，构建了以县域为中心、以乡镇为支撑、以建制村为节点、放射和循环互补的县域农村客运网络，切实提升了农村客运服务水平和品质。抓住国家加大对交通基础设施建设投资力度的机遇，乘势而上，加强了公路、场站建设，为村村通客车发展提供了稳定运营的基础保障，也为打赢交通运输脱贫攻坚战提供了坚实的运输保障。2020年，上蔡县城乡居民人均可支配收入达18635元，同比增长4.4%。

22 湖南省嘉禾县：
坚持"立体、全域、融合"发展，推进城乡交通运输一体化

一 基本情况

　　嘉禾县是湖南省郴州市下辖县，下辖10个乡镇，167个建制村，1个省级经济开发区，县域面积为699.16平方公里，2021年末常住人口为34.17万人。嘉禾县是湖南省地域面积最小、人口密度最大的县之一，也是湖南省首批城乡客运一体化示范县之一。近年来，嘉禾县以构建"立体式"公路网络体系、"全域性"城乡公交体系、"融合化"城乡物流体系为重点，统筹兼顾、齐头并进，推动城乡交通运输一体化发展。

二 主要做法

（一）夯实基础，筑牢"立体式"公路网络体系

　　一是强化公路基础网络建设。 自2013年起，县财政每年安排1000万元，改造交通运输部和省里不能立项的自然村公路和村与村之间联网公路，打通"断头路""瓶颈路"，打造"四好"农村样板路，确保乡镇通三级以上公路率、建制村通畅率、25户及100人以上自然村通畅率均达到100%，通农村客运车辆公路路面宽度均在4.5米以上，临水临涯路段100%建设了生命安全防护工程。

　　二是强化顶层统筹规划。 嘉禾县编制了城乡客运一体化发展规划，通过调整优化线路、实施站场建设等，不断推进创建工作，统筹城乡客运一体化发展。截

至2021年7月，全县共开通城乡公交线路39条，改造客运（公交）枢纽站1座，建成二级客运站2座、客运首末站7座、客运招呼站320个，建成充电站4座、充电桩33个。客运（公交）枢纽站、首末站不仅具备客运功能，还增加了农村小件快递等物流寄递功能。

图22-1　城乡公交首末站和招呼站

三是强化管养协同发力。健全路长制，将"爱路护路"纳入村规民约，以"路长制"促进"路长治"，以"微循环"带动"大畅通"。创新公路养护机制，实现国省干线公路服务外包、农村公路分级承养，做到"有路必养、养必到位"，实现农村公路畅、安、舒、美。实施"安、洁、绿"同抓共管，结合城乡清洁行动和交通顽瘴痼疾专项整治行动，对国省干线公路、县乡村公路网实行绿化、美化、亮化建设，推进公路设施和公路管护街道化、标准化，成功打造桂嘉宁、新嘉蓝2条城乡一体化示范带。

（二）整合资源，构筑"全域性"城乡公交体系

一是实现公车公营。整合市场主体，将全县3家客运企业整合为1家公交公司，实行长途客运、城市公交和农村客运统一由一家公司经营，投入1800万元对在13条线路上分散经营的74辆客车进行收购，率先在全省实现"一县一公司、公车公营"模式，从体制上解决运营秩序混乱、企业恶性竞争、安全监管缺位的问题。

二是提升服务品质。按照道路通行条件，补空调控、延伸优化公交线路，合理配置车型，解决通行条件差、客流稀少的偏远村群众出行难问题。城乡客运线

路从2018年的13条增加到2020年的38条，其中新增"冷僻线"22条，真正实现了"乡村全通"目标。推进城乡交通绿色化发展，城乡公交车辆全部更新为新能源公交车。实现了全县10个乡镇、167个建制村公交全覆盖，所有城乡中学、中心小学500米范围内均设置公交候车点。

三是优化运营模式。加强客运线网布局优化，坚持实行集约化经营、公司化管理，以公交化运营方式为主，以定线、定班、定时为基本特征，采取"局部小循环"的模式运营，实现规范经营。开通便民公交、邻县公交，方便群众出行，先后开通了与毗邻乡镇的6条邻县公交，极大方便了人民群众出行。针对偏远乡村，开通早、中、晚时段班线，解决村民出行难问题。

四是打造普惠服务。针对学校需求，合理调配客运专车进驻校区，实现"学生校门直送到家门"的便捷安全服务，解决学生上下学途中安全问题。对全县65岁以上老年人等五类特殊人群实行免费乘车，受惠群体达5万余人；在县城老城区和新城区之间开通2条免费线路，所有乘坐人员全免费，县级财政每年预算对免费公交、免费人员补贴820万元。城乡客运一体化改造后，发车班次比改造前增加60%以上，票价降低1~6元不等，最大降幅达50%，最高票价控制在6元。仅降低票价一项，每年为群众节约出行成本近600万元，给人民群众带来实实在在的便利和实惠。

图22-2　城乡公交车辆和场站

（三）促进转型，筑牢"融合化"城乡物流体系

一是加强物流网络建设。积极推动城乡交通运输规划与经济社会发展规划、

城乡规划、土地利用规划衔接，整合城乡综合交通运输资源。依托嘉禾汽车站、金田汽车站两个运输站场，开发小件物流等货运功能，实现运输场站综合利用率达到100%。推进全县城乡货运节点体系构建，建设县、乡、村三级物流节点144个，其中县级中心1个、乡级分中心6个、村级服务社137个，实现县农村物流服务覆盖率达到100%，县乡镇物流节点覆盖率达到100%。

二是推进交邮融合发展。 通过交通运输企业与邮政、快递企业深度合作，县公交公司与邮政、绿百通等物流企业建立农村小件快运合作配送系统，解决了农村物流"最初一公里"和"最后一公里"问题。通过改造既有县、乡客货运站场，拓展邮件、快件中转分拨、运输配送等服务功能。利用客运班线和资源，建设村级快递收发货服务点，实现站场、线路、运力等资源共建共享。

三是推进城乡货运信息化系统建设。 依托智慧交通平台，建设绿百通供应链大数据中心，完成了绿百通农村物流信息平台建设，探索解决农产品出村难题，促进农产品更快捷、更有效地流通，推动传统农业转型升级。

四是创新一体化物流模式。 通过农村综合服务平台、扶贫村电商综合服务点、"京东云仓"（湘南仓）县级电商服务中心、电商分中心、村级电商服务社、农村电商服务点、电子商城等建设，构建了多层级、多维度、惠及面广的"供应链+物流+销售"一体化模式，促进了农产品更快捷、更有效地流通，有效解决了农产品滞销问题，扩大了消费扶贫等扶贫手段。

图22-3　城乡物流服务网点

三 取得成效

（一）促进了城乡深度融合发展

嘉禾县所有建制村实现了通硬化路、通客车、通邮政"三通"工程，"坐车方便、换乘快捷、寄递迅速"的运输服务把全县乡镇、建制村紧密联系在一起，全县建制村客运覆盖率增加了8%，发车班次增加了22%，群众城乡客运出行量增加了12%，推动实现了人畅其行、货畅其流，促进了农产品、人口、资源的快速流通，打通了各种要素流动的"最后一公里"，构建起了现代城乡人流、物流网络体系，有力促进了城乡经济融合发展，支撑乡村振兴发展。

（二）助推了农村脱贫攻坚发展

通过城乡交通基础设施一体化建设，打通"断头路"，减少"盲肠路"，畅通"微循环"，建设农村小康路、产业路、旅游路，显著提升了区域内公路联网通畅水平，增强了农村地区发展活力，助推农村脱贫攻坚、资源开发和产业发展。以真正让群众出行得实惠为目标，推行低票价，在原客运班线票价的基础上下降了33.3%，享有免费乘车优惠的人群出行率由2012年的2.1%增长至2020年的4.8%，每年为全县群众节约出行费用600万元，为人民群众提供物美价廉的运输服务，为群众脱贫致富打好交通先行基础。

图22-4　城乡交通运输一体化便利百姓生产生活

（三）推进了基本公共服务均等化

通过城乡交通运输一体化建设，每个村基本建有简易招呼站，让广大农村居民享受到"零距离"出行服务。公交公司以定线、定班、定时为基本特征，采取"局部小循环"模式运营，使农村居民出行更加便捷。同时，通过探索开展定制公交、预约公交等特色公交，作为公交服务的补充，满足多样化出行需求，使广大民众享受便利的交通出行服务，提高了广大群众的获得感和幸福感。

（四）助力了绿色低碳交通发展

推进"一县一公司"经营模式，通过车辆报废更新，原有柴油车更换为纯电动车辆，在降低运输成本的同时减少污染物排放。同时，由于集约化运营组织，使整体运输效率明显提高，单位运输能耗及人力投入均有所下降，有利于城乡公交可持续发展。

图22-5　城乡电动公交车及充电桩

23 广西壮族自治区东兴市：
优化运输资源，支撑边境高品质发展

一 基本情况

东兴市位于我国大陆海岸线最西南端，与越南芒街市仅一河之隔，区域总面积为590平方公里，辖3个镇、11个社区和31个建制村，2021年末常住人口为21.8万人，是我国少数民族京族的唯一聚居地。在示范县创建期间，东兴市坚持政府主导，探索了引领东兴发展、符合东兴实际、体现东兴特色的城乡交通运输一体化创建之路，为实施乡村振兴、农民脱贫致富和加快农业农村现代化提供了有力支撑。

二 主要做法

（一）整合客运资源，服务城乡居民便利出行

一是积极推动城乡客运公交化改造。东兴市积极构建完善的城市公交线网和镇村客运线网布局，加大镇村公交线路优化力度，合理配置公交资源。在示范县创建期间，中心城区建成公交站点136个，公交站点500米覆盖率达到100%，31个建制村全部建成农村便民候车亭，城乡道路客运公交化率达到96.83%，形成了完善的城乡旅客运输网络，便利了城乡居民出行。此外，东兴市积极探索"国际公交"运营服务，与越南建立汽车运输协定，开通了东兴—芒街国际公交线路，有效促进了边境地区旅游发展和边民友好往来。

二是加快城乡客运车辆新能源化进程。东兴市通过大力推广新能源车辆，促进城市公交向低能耗低污染发展，引导居民采用绿色交通方式出行，构建绿色和

谐出行环境。截至2021年底，东兴市拥有公交车辆107辆，其中新能源纯电动公交车103辆，新能源车辆比例达97%。

三是推进城乡客运信息化智能化建设。东兴市城乡客运车辆全部安装了卫星定位装置，并通过运营车辆动态监管平台实现了车辆运行状态的全程、实时和动态监管。2020年建设完成第一期35个智能公交电子站牌，应用"车来了"App提供公交动态信息查询服务，便于乘客候车时及时掌握各线路车辆的到站信息。

四是推进交通与乡村旅游业融合发展。东兴市结合主题乡村旅游服务，打造"乡村旅游+交通"创新模式，推动东兴市创建全国全域旅游示范区。一方面，依托"四好农村路"建设，构筑了抵海达边的乡村公路网络，农村公路均通达各主要乡村旅游景区景点，为乡村旅游做好坚实的保障。另一方面，打造了"直达式""包车式""游运一体化"等模式，开通精品旅游公交线路，极大促进了农业旅游特色化、创新化，助力了休闲观光农业、家庭农业等新型乡村旅游发展。

（二）优化各方资源，推动城乡集约高效配送

一是全面构建城乡货运物流节点体系。成立了广西首个县级邮政局，建成了中国邮政集团有限公司广西壮族自治区东兴市分公司和江平、马路支局邮件处理中心。申通快递、圆通速递等多家企业市级物流中心，在全市3个镇设置电子商务进农村镇级服务站，31个建制村建设标准化村邮站，村级物流配送站点与村邮乐购、村邮站功能融合，形成了覆盖市、镇、村三级物流服务体系，开展"快递进村"国家试点。

二是综合集约开发利用站场资源。将已有的客运场站所具备的客运管理、综合服务、客运和货运服务等功能一体化、综合化利用起来，由东兴市公共交通有限公司与快递、邮政等公司达成合作协议，利用现有邮政、电商服务网点等设施资源，通过业务合作的方式开展运输服务合作，实现客货同网、资源共享、站场综合利用，提高货运站场的综合服务效率。

三是实现城乡货运信息化系统全联网。全市重点营运货运车辆全部接入全国道路货运车辆公共监管与服务平台，开发了"邮掌柜"等电子商务平台，实现了

农村居民获得购物、销售、创业、金融、邮寄等生活服务不出村。

图23-1 东兴市城乡货运物流体系

三 取得成效

（一）带动了特色农业发展

城乡三级物流节点体系的完善有效带动了特色农业发展，推动了"红姑娘"红薯、金花茶、石斛、金银花、莲藕、对虾、名贵鱼类、优质禽畜等特色种养业发展；依托城乡交通基础设施、客货运网络的一体化布局发展，切实畅通了农产品进城和工业品下乡的双向流通渠道，为促进东兴市脱贫攻坚全面胜利和乡村振兴提供了助力和坚实的基础保障服务。

（二）助力了物流降本增效

东兴市基本形成了覆盖县、镇、村三级物流服务体系，实现农村快递上行下行全覆盖，打通了"县—镇—村（站）—户"配送"最后一公里"，降低了电商物流价格，单价从平均10元/千克下降到5元/千克，普通快递全市最长送达时间由3天缩短到1天，大大降低了农村物流成本，促进了农村产品上行，助力东兴市物流业降本增效。

（三）促进了跨境产业发展

依托完善便利的城乡客货运基础设施和运输服务网络，推动了互市贸易规模增长。开创了中越文旅"六联合"新模式，常态化开通桂林经东兴、越南芒街至下龙（海上桂林）的"两国四地"跨境黄金旅游和自驾游线路，经东兴口岸出入境人数、累计接待游客、旅游总收入等指标实现连年增长。首创"互市+电商"边境电商新模式，电商企业累计发展到2668家，直接带动就业人数超过1万人。

24 广西壮族自治区荔浦市：
旅游公交新提升，电商物流新融合

一 基本情况

荔浦市地处广西东北部，桂林市南部，总面积为1759.67平方公里，下辖10镇3乡，2021年末常住人口为33.5万人。近年来，荔浦市形成了以政府为主体、多部门协同联动、全市共建的一体化工作格局，加快推进城乡交通基础设施衔接和运输服务一体化建设，着力打造"美丽荔浦·生态乡村·畅达交通·便捷出行"的交通体系。

二 主要做法

（一）发展镇村公交，满足群众便捷出行需求

在2011年实现了乡乡通公交的基础上，荔浦市进一步加大工作力度，统筹线路资源与企业运力，全力发展镇村公交，不断优化和加密线路，增设沿线车亭，加大发车频率，推广电动公交等，并且根据群众夜间出行需求，延长末班公交车运行时间。在示范县创建期间，全市新开通镇村公交21条。截至2020年底，全市设有公交线路51条（含镇村公交33条），配备新能源公交车155辆，城区内公交站点68个，乡村便民候车亭87个，招呼站（牌）50个，道路沿途设置公交站牌250多块。全市已实现乡镇100%通公交，建制村90%通公交，形成了以市区为中心、以乡镇为节点、以建制村为网点，遍布农村、连接城乡、纵横交错的城乡公交客运网，使农村群众实现了出门就能坐公交车进城的愿望，有效满足了群众的美好出行需求。在此基础上，开通了连接3个国家4A级景区、4个游客集散中

心、3个星级农家乐的旅游公交专线。

（二）整合多种资源，完善城乡三级物流体系

荔浦市大力引导交通运输、邮政、商贸、供销等物流资源的整合，促进农产品进城和农资、消费品下乡双向流通，全力打造广西邮政寄递百强县和电商寄递特色县。依托"产业延伸、资源整合、资本运营、智慧化发展"的物流发展方式，形成了纵向延伸、横向覆盖的县、乡（镇）、村三级物流节点体系。建成了以电商街、电子商务公共服务中心、邮件配送分拨中心为主的县级物流中心。13个乡镇政府所在地建设改造升级乡镇物流服务站，乡镇级物流网络节点覆盖率达100%。拥有村邮乐购、乐村淘、农村淘宝等电商服务点432个，建制村通快递比例达到100%。整合35家快递物流公司，实现了全市所有建制村双向物流"24小时送达"。

图24-1　荔浦市农村物流服务中心

（三）推动融合发展，提升电商物流服务水平

荔浦市引进了阿里巴巴、京东、苏宁易购、乐村淘、村邮乐购等5个知名电商平台，建成电子商务集聚区、电子商务公共服务中心、物流配送中心、质量检测中心和二维码中心，初步形成电子商务进农村市、乡、村三级电商服务体系，物流配送体系，人才培训体系，农产品质量安全保障体系等四大综合服务体系。积极推进桂林俏天下家居用品集团有限公司、桂林毛嘉工艺品有限公司、桂林裕祥家居用品有限公司等公司开展"互联网+工业品销售"等电子商务业务，为荔

浦衣架、休闲食品等工业品销售开辟新路子。

目前，荔浦市电子商务公共服务中心对入驻平台和企业给予5年免场地租金的优惠政策，阿里巴巴、京东、苏宁易购、乐村淘、村邮乐购等电商平台入驻以来，运营业绩逐年上升。荔浦市计划在现有电商街的基础上建设物流中心，通过规划电商仓储、快件中转和综合配套服务等功能区块，吸引顺丰、圆通等主要快递企业入驻，实现了物流产业集聚、资源集约化使用，提升了区域物流集散能力，减轻了城市道路与环境压力，降低了企业运营成本。

三 取得成效

（一）服务产业新动力不断增强

示范县创建以来，荔浦市对农村公路投入资金1.81亿元，实施农村公路项目近118个，带动发展荔浦芋、砂糖橘、马蹄等特色产业近38万亩，获认定现代特色农业示范区（园）15个，创建自治区乡级以上现代特色农业示范区（园）4个，全市拥有农民专业合作社506家。在示范县创建期间，全市农业总产值年均增长6.5%，农民人均收入年均增长9%，2020年，34个贫困村全部实现脱贫。建好农村路，引来金凤凰。随着农村公路的不断发展，金牛、长水岭工业园区、高新技术产业园等园区功能不断完善，吸引了荔浦美亚迪光电科技有限公司、荔浦县荣事达光电科技有限公司、深圳鹏威新能源科技有限公司等400多家企业入园集聚发展，吸纳了近4万名农民就近就业，让农民在家门口实现了增收。

（二）服务旅游新内涵有效提升

通过推行"路长制"，营造了"畅、洁、绿、美、安"的公路环境，形成了干线公路"一路多景"，农村公路"一村一景"的公路绿化和美丽乡村示范带。依托发达的交通网络和优美的乡村环境，开通旅游公交专线，形成了以丰鱼岩、银子岩、马岭鼓寨等景区为引领，以歧路至龙怀等11条美丽乡村精品景观线路为支撑，以铜鼓山庄等5个星级农家乐为补充的全域旅游发展格局，让荔浦的"绿水青山"成为"金山银山"。2018年，荔浦市获批广西特色旅游名县。在示范县创建期间，全市接待旅游人次年均增长14.03%，旅游综合收入年均增长20.72%，带动发展乡村农家乐、农家旅馆、农家餐馆200余家，越来越多的群众享受到交通运输发展带来的福祉。

图24-2　荔浦市首条旅游线路公交开通

（三）推动致富新魅力充分彰显

将城乡交通运输一体化建设作为打通农村电子商务发展"最后一公里"工程，依托贯通城乡、纵横交错、四通八达的农村路网，全市144个建制村（社区）实现"24小时送达"，有效解决工业品下乡"最后一公里"和农产品进城"最初一公里"的难题。2020年，全市货物运输量达2546万吨，货运周转量达167512万吨公里，同比增长0.7%。2021年，全市发展电商企业和网店600多家，建成农村电商服务点106家，建制村和贫困村电商服务点覆盖率达100%，城乡电商从业人员达6500余人，培育出荔浦衣架、荔浦芋、团扇等一批特色电商产品。2020年全市电商销售额达20.6亿元，同比增长11.4%，通过电商平台卖出的特色农产品价格平均提高30%~40%，带动农村地区贫困群众人均增收430多元，实现了"修一条路，兴一方业，富一方民"。

25 四川省绵阳市涪城区：
城乡客运强质效，货运物流促经济

一 基本情况

涪城区隶属四川省绵阳市，位于四川盆地西北部，总面积为554.47平方公里，下辖6个镇、7个街道、65个建制村，2021年末常住人口为131.03万人。近年来，涪城区把城乡交通运输一体化建设示范区建设作为统筹城乡发展、改善民生的重要抓手，夯实组织领导保障，构建党政主导、联动共建工作机制，提升农村公路管养能力水平、持续推进城乡公交、物流一体化水平，构建起"以城带乡、城乡融合、城乡一体"的现代综合交通运输体系。

二 主要做法

（一）聚焦优质便民高效，提升城乡客运服务质量

一是提升城乡客运均等化水平。涪城客运服务聚焦解决群众出行"最后一公里"问题，在城乡全面通行公交基础上，通过优化公交开行班次、新建公交站台等，不断提升公交服务水平，满足群众日益增长的出行需求。更新、增加公交车120辆，优化建设农村公交线路停靠站、港湾站82个，招呼站383个。为满足农村居民的个性化需求，开行集市公交，每逢乡镇集市开场、结束，加密公交开行频次，方便群众出行。针对群众反映学生接送不方便的问题，在乡镇中小学生上下学时间，灵活开行学生公交，保障学生出行。对辖区60岁以上老年人等特殊群众，实行免费乘车政策，大大减轻了群众负担。打造精品旅游线路，开行公交旅游专线，居民乘坐公交旅游出行人数连年增长，2020年乡镇公交出行人次超

3000万。

　　二是提升智慧便民服务水平。 推进公共交通数字化、智慧化、便民化，推出"掌上公交""车来了"等App和公交站台LED显示屏，使出行者能实时查询公交车辆趟次、到站时间，在四川省率先实现城乡公交移动支付方式全覆盖。

图25-1　城乡客运服务站点

（二）聚焦体系能力建设，增强货运物流服务水平

　　一是做优服务体系。 依托中国科技城（绵阳）科技物流产业园、石塘商贸物流城、龙门农副产品物流园，因地制宜建设城乡物流运输集散点，初步构建"以城市为中心、以镇村为节点、以场站为载体、以公路为纽带"的高效现代物流服务体系，实现区、乡、村三级物流节点协同发展。全区城乡货运节点体系建设全部完成，65个建制村已全部开通货运物流、邮政、快递等服务，实现建制村农村物流服务覆盖率100%，形成了邮政、电商、快递进村入户的农村"最后一公里"物流体系。

　　二是做强龙头引领。 支持西部冷都大力发展现代物流，除提供农副产品交易、水产海鲜交易和冷链仓储等业务之外，建立网上订单、线下快捷的同城配送体系，打造成为川西北农副产品集中交易的市场标杆，引导和支持小散物流企业入驻园区，走资源整合、抱团取暖之路，实施规模化、集约化、规范化发展。

　　三是推进融合发展。 涪城区制定了促进货运资源集中配送、共同配送的实施意见，整合城市公交、区域快递、零担货运、农村客运、电商及相关物流资源，畅通"网货下乡，土货进城"双向流通渠道，完善货运资源配送服务体系，提升农村物流配送能力，实现区、乡、村三级物流体系高效运转，服务城乡交通运输一体化建设大局。

三 取得成效

（一）全面助力决胜脱贫攻坚

通过示范县创建，2020年全区所有建制村实现通硬化路，为全区如期实现脱贫攻坚打下坚实的基础，群众出行和农产品外运更加便捷，民居民宿数量、蔬菜种植合作社数量不断增加，农民就业渠道和收入来源增加。"户户通"进一步促进了快递到户，村民不出门就可以实现快递收发，打通了农村物流神经末梢，为农副产品"走出去"和农资、日用消费品等"走进来"奠定了基础。

图25-2 农村公路"户户通"助力生产生活

（二）有力支撑县域经济发展

涪城区大力推动"交通+产业发展""交通+园区建设""交通+乡村旅游"等融合发展，为全区城乡经济发展注入了强劲动力，2020年、2021年连续两年被四川省委、省政府评为县域经济发展强县。围绕"农村公路+产业"，新建蚕桑、蔬菜产业道路20余公里，带动了48家农业龙头企业发展壮大，新型农业市场主体持续壮大，"涪城蚕桑""涪城芦笋"成为涪城农业产业发展新名片；围绕"农村公路+文旅"投入资金2亿元，精心打造杨关产业带等4条精品旅游路线共计38公里，推动农村公路由"交通线"向"风景线"转变，交通大改善助推了农村休闲、生态、自然山水等旅游产业繁荣发展，绵阳首个综合性农业主题公园"千鹤桑田"芦笋大健康主题公园在涪城开园，数百家农户在公路沿线开办起农家乐，涌现出"阿贵农场"等数十个在绵阳有广泛影响力的农家旅游品牌，带动上千个农户在家门口实现了就业。

26 云南省安宁市：
全域公交服务，助推城乡融合发展

一 基本情况

安宁市位于昆明市西郊，市域面积为1301平方公里，下辖9个街道，有63个建制村、37个社区，2021年末常住人口为48.6万人。安宁市紧紧围绕城乡交通运输一体化创建目标，大力推进城乡交通基础设施建设，建立四级城乡公交网络，为实现城乡融合提供了坚强支撑。

二 主要做法

（一）立足服务均等，开启全域公交化运营新局面

安宁市坚持车头向下的发展理念，大力推行城乡公交服务均等化。通过统一管理体制、发展规划、优惠政策、资源配置、运价标准、服务标准，实现了全域所有建制村"村村通"公交的目标，形成了"外联周边县（市），内通安宁主城、各乡镇并有效覆盖建制村"的城际、城市、城乡、镇村四级公交网络。城乡公交、农村公交票价实行10公里范围内1元，超过10公里每增加5公里增加1元票价的收费标准，极大地降低了老百姓的出行成本，大大提升了城乡公交服务均等化水平。

（二）立足信息互通，打造"互联网+公交"新模式

为不断提升公共服务水平，深入打造精品民生工程，为广大人民群众提供安

全、高效、便捷的出行环境，让城乡居民共享改革发展成果，安宁市在全部公交车上安装移动支付设备，在全省率先实现城际、城区、城乡、村组线路四级移动支付100%全覆盖。将传统现金支付方式改成多种方式并存的移动支付，帮出行者减少了现金准备、保管、找零等麻烦，村组群众乘坐公交车和城区一样共享实惠、便捷。结合农村地区群众出行规律不均、分布不均的特点，安宁公交打通乘客需求与企业运行动态的纽带，通过公交公众号，建立公交信息实时查询平台，提前预测乘客出行动态、时间段、线路、站点等，城乡公交融入互联网，让乘客随时掌握车辆班次、到站情况动态。

（三）立足客流吸引，探索全要素公交提质增效新路径

在示范县创建期间，安宁市不断加大公交车辆购置投入，增加新能源车辆的占比，强化场站建设，优化调整线路，增强公共交通吸引力，让老百姓的出行更方便、舒适、快捷，让更多的老百姓选择公交出行。同时，紧扣绿色发展主线，为安宁市节能减排、"蓝天保卫战"贡献了重要力量。截至2021年底，安宁市共有公交车545辆，其中新能源车393辆，新能源公交车占比为72.11%；公交线路96条，总里程达1530公里，线路已完全覆盖安宁市内的9个街道办事处和63个建制村，建制村公交通村率达100%；日发班次达2310次，日均客流量达10万余人次；万人公共交通车辆保有量达14.93辆，建成区公交站点500米覆盖率达100%，公交出行分担率达40%，百姓对公交服务的满意率达98%。

图26-1 港湾式公交站台

（四）立足安全第一，强化农村交通运输安全管理

安宁市重视道路隐患整治工程，实施了生命线防护工程建设，在途经的急弯陡坡、临水临崖等重要路段按照有关技术要求设置公路安全防护设施，设置比例已达100%。同时健全农村交通防控网络，建立农村交通安全防控机制，加强农村地区客运安全管理，建立了连接省道路运输卫星定位管理平台，动态监控各类客运车辆，通达农村地区的客运车辆动态监控设备安装使用率达到100%。自示范县创建以来，农村地区客运车辆未发生一次死亡3人以上的道路运输安全责任事故。

三 取得成效

（一）为便民惠民提供了坚实保障

安宁市率先在云南省实现了村村通公交的目标，便捷、安全、低票价的公交服务使沿线数万名农村群众受益，初步形成了"外联周边县（市），内通安宁市主城区、各乡镇并有效覆盖各建制村"的城际、城市、城乡、镇村四级公交网络，城乡公共交通呈现出安全、方便、快捷、经济的良好局面，支撑了安宁市的经济社会发展。

（二）为乡村振兴提供了安全保障

安宁市始终以实现"农业强、农村美、农民富"为目标，将示范县创建项目作为实施乡村振兴战略的重要支撑和工作抓手，突出重大项目的拉动作用，对11条农村公路开展路面提升改造工程，对10条县道、39条乡道部分临水临崖、路窄陡坡、弯多弯急、视距不良等问题路段采取安装波形防护栏、道口标注、警示标注、标志牌等安全防护措施。通过农村公路重点项目的实施，有效完善了农村路网的通达性及连通性，基本完成了乡道及以上行政等级公路的安全隐患治理，有力保障了农村交通基础设施的建设水平，为实现乡村振兴提供了安全支撑。

27 甘肃省皋兰县：
发展绿色公交，贯通幸福美好小康路

一 基本情况

皋兰县隶属兰州市，位于兰州主城区、兰州新区和白银市区的三角中心。县域总面积为2556平方公里，辖6个镇、57个建制村、5个社区，2020年常住人口为14.7万人。自示范县创建以来，皋兰县按照"五个一体化"建设目标，强化组织、政策、资金保障，高标准推进城乡交通运输一体化建设，实现了建制村通硬化路全覆盖、通公交车辆全覆盖、村庄巷道硬化全覆盖、道路监管养护全覆盖、综合货运物流全覆盖、交通信息智能化管理全覆盖等"六个全覆盖"，走出了一条"交通服务皋兰、交通发展皋兰、交通改变皋兰"的高质量发展路子。

二 主要做法

（一）科学布局，城乡统筹，打造外联内通路网大格局

一是开展道路建设"大会战"，确保群众出行更顺畅。 按照"先易后难、分步实施、整体推进"原则，举全县之力，持续开展农村道路建设"大会战"。自示范县创建以来，皋兰县累计投资2.86亿元，先后完成自然村通畅工程、"千村美丽"示范村组道路硬化、窄路面加宽改造、"畅返不畅"、自然村组道路等农村公路290公里，优良中等路率占比达87%。目前，县域周边已形成"十纵四横"过境主干路网框架，县域内构建了"一心六翼若干线"的城乡道路一体化路网格局。

二是加快扶贫项目大攻坚，打通便民服务零距离。 实施"交通脱贫"工程，通过财政一事一议奖补、脱贫攻坚道路硬化投入、帮扶单位扶持、群众自筹等多

种渠道筹措整合资金，重点实施了农村村庄巷道硬化工程，建制村村庄巷道硬化率达到100%，形成了"123皋兰交通行"目标（即乡镇上快速线10分钟，乡镇内村村互通20分钟，建制村到本镇30分钟），彻底改变了百姓出门"雨天两脚泥，晴天一身土"的状况，真正打通了便民利民"最后一公里"。

（二）破解难题，规范运营，提升城乡公共交通硬实力

一是解难题，破僵局，城乡公交开启客运新时代。抢抓城乡交通运输一体化发展政策机遇，与兰州交通发展建设集团公司共同组建了皋兰公共交通服务有限责任公司，在甘肃省率先实施班线客车公司化公车公营改革，以"只报废、不更新"方式，报废营运到期班车83辆，以托管方式收购未到期老旧客车42辆，以新能源纯电动汽车推广应用为方向，率先投资应用新能源纯电动公交客车并配套新建充电站，开启了皋兰公交"绿色环保"发展新时代。

二是进村社，惠民生，绿色交通彰显时代新形象。按照"城乡一体、统筹协调、规范有序、方便群众"的运营思路，采取统一线路标准、统一票价制度、统一服务规范、统一运行班次的"四统一"服务，建立健全城乡公交运营机制。按照"先易后难、由点及面、稳步实施"的原则，以改道、延伸、新辟的方式，投资8000万元，建成县城大型充电站2处、建成充电桩71个，购置新能源公交车106辆，开通城乡公交线路9条、"微公交"线路5条，在全省率先实现建制村通公交全覆盖。全县现有客运车辆229辆，公交线路23条，初步构建起外连"三市区"、内接"六乡镇"的城乡一体化公共交通格局。

三是提质量，出新招，贴心服务探索出行新模式。统筹推进城乡公交线路优化，积极探索农村老年人快捷、舒适、安全出行的"皋兰新模式"。在全面实现建制村通公交的基础上，自然村通公交率达90%以上，走在甘肃省前列。同时，将村级网点服务质量与乡村公交补贴挂钩考核，不断优化村级客货综合服务网点，依托农村客运最大限度满足农村群众小件快运物流需求，不断提高城乡客货综合服务水平。

（三）创新体制，加强管理，提升农村公路安全新高度

坚持将安全放在交通发展的重要位置，着力构建全覆盖的安全防范网络，即

强化交通运输、公安两部门联合协同，建立了县、镇、村三级管理长效机制，极大充实了基层交通安全监管力量。示范县创建以来，皋兰县累计投入1171.6万元，深入实施农村公路生命防护工程，在全县115.95公里农村公路、学校、急弯陡坡、临崖临水等隐患道路设置了波形护栏64774米、示警柱2250根、橡胶减速带594.6米、道口桩256根、各类标识标牌反光镜208块、挡墙1013米，切实保障了县域内农村公路畅通和运输安全。

三 取得成效

（一）服务农村群众效果好

皋兰县57个建制村已实现100%农村公路建设通达通畅目标，30户以上集中居住自然村村组道路均达到通行条件，脱贫攻坚"先行官"作用充分显现。示范县创建以来，完成黑巴公路等多项生命防护工程及隐患治理，辖区内基本达到路面整洁有序、路肩平整密实、水沟明显畅通、边坡修理到位、安全设施齐全，重点路段标准化养护工程全面完成，农村道路通行条件进一步改善。

（二）城乡客运服务体系优

2016年，全县建制村通车率仅为48%，通过公交线路延伸、公交线路新辟、客运班线公交化改造等方式，2018年全县城乡公交覆盖率已达100%，受惠群众达10万余人，城乡公交线网体系得到切实完善，助推城乡公交统筹发展。城乡公交一体化搭建了皋兰民生纽带，公交车开进村，县城所有公交实行1元票制，并安装了自动投币机和IC卡结算终端，实行70岁以上老人、一二级残疾人、现役军人、退役军人免费乘车，学生卡、普通卡、老年卡打折优惠，票价明显低于改制前的班车票价。规范化的公交运营也促使"黑车"逐步退出客运市场，人民群众乘车更加安全可靠，公交服务真正做到便民、惠民、利民。此外，2021年全县新能源公交车已达到96辆，实现了城际、城市、城乡新能源公交车的全覆盖，对加快推动绿色出行起到关键作用。

（三）城乡货运物流保障实

皋兰县探索"交邮融合"服务模式，按照"人口密集、布局合理、方便百姓"的工作思路，充分利用现有城乡公交客运网络和运力资源，结合农村公路沿线群众客货运需求及农村建制村布局、公路建设实际，以建制村为基础单元，截至2021年底，皋兰县共建设了村级综合服务站57个、分拣中心1座、综合调度中心1座，搭建客货运调度平台1个，配置物流车及快递配送车若干辆，一方面显著降低了农村客运运营成本，便捷了农村群众出行；另一方面有效打通了农村物流"最后一公里"，畅通了经济发展的毛细血管，为电商下乡、农产品进城提供了坚实的基础保障，为行业助力脱贫攻坚提供了新的模式。

28 青海省西宁市湟中区：
统筹城乡发展，服务百姓出行

一 基本情况

湟中区隶属青海省西宁市，位于青海省东部，总面积为2444平方公里，下辖10个镇、5个乡、1个街道，380个建制村、16个社区，2021年末常住人口为46.39万人，有回族、藏族、土家族、蒙古族等24个少数民族。近年来，湟中区把统筹城乡交通运输一体化建设作为推进高质量发展和加快新型城镇化建设的着力点，将城乡交通运输一体化示范创建工作作为重点民生工程，积极探索高原地域和民族特色的城乡交通运输一体化建设方法和路径，极大促进了湟中区与西宁的一体发展。

二 主要做法

（一）加大投入力度，补齐基础短板

湟中区累计投入资金11.34亿元，实施各类交通项目77项，新建改扩建县乡道路1342公里，拓宽农村窄路511.75公里，新建农村公路桥梁51座，大湟平公路等5条美丽城镇市政道路建成通车，"结构合理、能力充分、高效畅达、外通内联"的交通骨架基本形成。着力补齐贫困村交通基础设施短板，在156个贫困村硬化村道320公里。配套建设河湟文化西宁产业园等景区景点路网，建成全省第一条旅游公路卡阳公路，促进了全区全域旅游发展。加快推进综合性公路场站设施建设，上新庄客运服务站建成投运，塔尔寺综合客运枢纽站主体完工。持续扩大公交站亭覆盖面，新建南大公路港湾站9个，完成公交站亭建设44座，调整大湟平公路港湾站59个，基本实现了"城区有综合枢纽站、乡镇有等级站、大村有

候车亭、小村有招呼站"。

（二）加大资金支持，落实惠民政策

湟中区推行以重点乡镇为枢纽、以周边乡镇为节点、以所有具备条件的建制村为通达点的城乡客运体系，积极整合城镇公交资源，彻底解决公交行业的承包经营问题，实现政府主导、企业主体集约化经营、公司化运作、员工化管理的模式，开通公交线路、班线线路、高速公路快速客运（简称"高速快客"）线路91条。截至2020年底，全区公交线路运营里程达791公里，年客运量达2912万人次，建制村道路畅通率、客车通达率达100%，基本形成以城乡公交车辆为主，以班线车、高速快客为辅的城乡公共交通客运网络。随着运营线路的增多，湟中区出台公交惠民政策，区政府出台财政补助办法，通过资金扶持，缓解公交企业经营亏损问题。公交补贴从2012年的40万元/年逐步增加到2020年的300万元/年，区政府共拨付1230万元对学生卡、老年卡进行资金补助，保证改革成果与民共享，让农村与城市居民享受同等乘车待遇。不断提高城乡公交信息化管理水平，加快城乡公交智能化系统建设，积极推进IC卡、车辆定位系统以及车载视频监控系统等新技术的更新应用。

图28-1 青海省首条交通扶贫公交专线

（三）优化物流服务，促进融合发展

积极引导交通运输、邮政、商贸、供销等物流资源整合，推进城乡交通运输"路、站、运、邮"协调发展，加快建设集客运、货运、邮政、快递于一体的综合服务站点，构建覆盖县、乡、村三级物流体系，实现建设标准化、管理规范化、服务多元化。立足多巴城市副中心建设，以强化生活生产资料运输保障能力为目标，依托S012省道，围绕甘河工业园区与多巴新区建设，建成投用湟中弘大电商中心、丝绸之路（国际）物流城等，满足了湟中区商贸流通需求。大力推进邮政快递服务现代化网点建设，建成乡镇电商综合服务站15个、村级电商服务点107个，实现全区邮政服务网点快递配送全覆盖。

三 取得成效

（一）降票价、惠民生，让利于民

为保证改革成果与民共享，让农村群众与城市居民享受同等乘车待遇，改善群众乘车条件，带动区域经济发展，根据线路的长短及客流量分布情况执行1元、2元、3元票价，对于跨区域城际公交以及旅游公交实行了降低票价的措施，同时执行老年卡免费、学生卡优惠、成人卡八折优惠等措施，并与西宁市公交同步联网运行，城乡公交开通前后客运票价平均降幅达到66%，极大地方便了百姓的出行，减轻了百姓的出行负担。

（二）重实际、求实效，便民于行

湟中区在已开通公交线路的基础上，制定切实可行的偏远山区公交线路开通工作方案，本着"运营方式多样、车型结构适当、线路布局合理、运力投放适中"的原则，采取城乡公交延伸、绕行、定制客运、预约响应的方式，增开乡镇至各偏远建制村之间的城乡区间公交线路。对以预约响应方式予以开通的农村客运票价实行上限管理，对承担定制客运的出租汽车每车每月给予3000元补贴，实现了农村客运"开得通、留得住、有效益"。

（三）依特色、促经济，助力乡村振兴

湟中区城乡交通运输一体化示范工程的实施，带动了公路沿线的新型农业规模化种植，以乡趣卡阳、千紫园、上山庄花海等为代表的一批乡村旅游景点得到了快速发展，为脱贫攻坚、助力乡村振兴提供了重要保障。

29 新疆生产建设兵团第一师阿拉尔市：
构建普惠均等的兵团特色城乡运输服务体系

一 基本情况

第一师阿拉尔市（简称"阿拉尔市"）位于新疆维吾尔自治区南疆地区，总面积为6923平方公里，下辖16个团镇（乡）、251个建制连（村），2020年末常住人口为40.9万人，少数民族人口约占10%。2004年1月19日，阿拉尔市正式挂牌设市，实行自治区直辖、兵团管理、"师市合一"管理体制，是新疆生产建设兵团南疆地区最大的师市。2018年，阿拉尔市获得全国"四好农村路"示范县称号。近年来，阿拉尔市大力实施公路内联外通工程，推动公路从通向畅、向美发展，理顺客运管理体制，创新城乡客运组织模式，提升交通均等化服务水平，打造团场群众出行暖心路。

二 主要做法

（一）加大道路建设投入，着力完善基础设施

近年来，阿拉尔市大力推动"四好农村路"建设，建成市内多条团部通农村公路，开展特困地区集中连片地区县乡道改造及建制村通沥青（水泥）路建设，累计建成农村公路447公里，实施农村公路改造提升2000余公里，维修改造桥梁10座，实施公路生命安全防护工程170余公里，惠及16个团镇（乡）、251个建制连（村），大大提升了交通畅通能力。改建乡镇运输服务站6座，新建城乡公交站台131座、连队招呼站51座，城乡客运基础设施建设明显改善，服务能力进一步提高，为满足公众高效、便捷、安全的出行服务需求提供了有力保障。

图29-1　农路公路沥青路面摊铺

（二）理顺客运经营体制，推进城乡均等服务

按照"公交化、规范化、灵活化"原则，阿拉尔市积极推进公共交通改革，成立国有公交集团，在优化新增城市公交线路的同时，对团场客运班线进行了改造升级，采用常规公交对市域内的团场与中心城区进行接驳，加强阿拉尔市与距离市中心较远的团场之间的联系。积极引导客运企业创新经营模式，以各团镇中线为界，分东西（南北）片区，采用团场线路延伸、区域循环、预约响应以及开行节日班、学生车等经营模式，扎实推进建制村通客车。通过车辆以大换小的方式对农村客运班线进行改造，全部更新为14~17座车辆，实行农村客运预约响应式服务，辖区16个团镇（乡），251个连队全部通客车。

图29-2　学生专线

（三）加快物流通道建设，构建三级物流网络

阿拉尔市对外的6条出口公路全部打通，对内所有团镇全部通二级及以上公路，所有连队全部通硬化路，物流通道网络逐步形成。积极推进三级物流配送体系建设，建立有效连接城市与农村的现代综合交通体系，将城市物流和农村物流体系建设统一纳入物流业发展整体系统之中，努力破解城市和各团场、连队物流之间的分割局面，加快建设阿拉尔市—团场城镇—中心连队或社区配送网络，"四通一达"快递企业全部入驻第一师阿拉尔市及各团镇（乡），服务范围覆盖第一师阿拉尔市全部连队（村），市域范围内9个团镇（乡）均同时有邮政网点和圆通、申通、中通、京东、顺丰、百世等多个快递物流分拨点，乡镇快递物流服务网点覆盖率达到100%，149个连队均建有邮政网点或快递代收点。同时，阿拉尔市积极推进乡镇运输服务站建设，按照"资源共享、多站合一、功能集约、便利高效"的要求，推动交通运输、邮政快递、供销、商务等部门现有物流节点资源衔接共享，形成了以团场农村物流服务中心、连队农村物流服务站为支撑的农村物流网络节点体系。

（四）强化政策保障力度，优化城乡发展环境

阿拉尔市制定了公共交通系统专项规划，明确加快城乡一体化公交建设，实现阿拉尔市城市公交便捷化、城镇公交快速化、城乡公交一体化。制定城市公交成本规制及财政补贴补偿办法，完善公共交通财政补贴制度，保障了城乡客运行业持续、健康发展。阿拉尔市出台了推进"四好农村路"建设的实施方案，重点解决"通"而"不畅"、通行"最后一公里"及"公路+"带动问题，加强路域环境整治，保障公路安全畅通，健全管养制度，落实管养人员和经费，高效率运营好农村公路，确保农村客运"开得通、运得好、留得住"。

（五）实施科技强交项目，实现信息化智能化管理

阿拉尔市对区域内的出租汽车及城市公交、农村客运、"两客一危"车辆全部安装卫星定位系统，实行实时监控，通过实时监控平台对各大运输企业进行监管。新建智能公交调度系统，通过建设公交智能调度系统，搭建城市公交全面

信息化平台，加快实现运营管理可控化、人车调度科学化、生产过程精细化、管理现代化的系统，实现公交车辆实时监控、智能化调度和指挥，保证车辆的安全、快捷、准点运行，促使更多出行者采用公交出行方式，实现"绿色交通，低碳出行"。

三 取得成效

（一）兵团特色城乡客运服务有温度

在"师市合一"的兵团独特管理体制下，251个建制连（村）广泛分布于阿拉尔市境内，呈偏、远、散、小的特点，连队常住人口少、随季节变化大（农忙时多，农闲时少）、客源分散、客流量小。阿拉尔市通过大力改善城乡交通运输基础设施、推进城乡客运均等化、创新城乡客运服务模式，全面打通了连队居民出行的"最后一公里"，有效解决了城乡客运持续运营难的问题，满足了偏、远、散、小连队（村）的出行需求，切实保障了广大职工群众"行有所乘"，提升了人民群众的获得感、幸福感、安全感。

（二）交通运输助力脱贫攻坚有力度

阿拉尔市通过大力推动交游融合发展，建设多种功能的综合客运枢纽，并综合运用自驾车房车营地、服务区建设项目资金，在十一团沙漠之门、十四团睡胡杨谷等旅游景点附近创造性地建设了房车营地及公路服务区，为当地旅游业和地区经济发展注入了强劲活力。通过为异地安置居民新建小镇开通免费公交、为少数民族群众聚居区开通连接市区的公交线路、完善团场城镇和中心连队物流服务网络等措施，极大提升了偏远地区和发展落后地区的出行条件，畅通了基层物资流通渠道和网络，为发展地方特色产业、服务脱贫攻坚提供了保障。

30 四川省犍为县：
强服务惠民生，筑牢城乡客运安全

一 基本情况

犍为县位于四川盆地西南部、长江上游岷江航道末端，境内地形地貌以丘陵为主、浅丘居多，总面积为1375平方公里，辖15个镇、203个村（社区），2021年末户籍人口为54.9万人。近年来，犍为县坚持把城乡交通运输一体化发展作为推动产业发展、改善民生福祉的先导性工程，按照以创建促进发展、以示范引领发展的思路，全面开展试点示范创建工作。2017年以来，犍为县荣获"'四好农村路'全国示范县"、四川省首批"'四好农村路'示范县"、四川省首批"乡村振兴规划试点县"等荣誉称号。

二 主要做法

（一）坚持"高站位"，抓好工作落实

一是在发展机制上坚持靶向发力。犍为县制定了促进农村公路建管养运协调发展、进一步加快交通建设、进一步加快农村物流运输发展等政策性文件、实施方案16个；出台了城市公交"一元通全城"票价政策和经营亏损财政全额补贴政策，农村客运班线车辆保险保费补贴70%，客运车辆乘坐人员保险保额每座追加10万元，便民小客车辆保险保费、视频监控设备安装费和使用费财政全额补贴等多项便民惠民和客运发展扶持政策，形成了目标明确、支撑有力的长效机制。

二是在资金保障上给予真金白银。建立了向上争取、财政投入、融资贷款等多渠道资金筹措机制，每年整合农业、扶贫等部门负责的农村公路建设资金5000

万元以上，争取到位银行融资、专项债8.4亿元，全部归口由交通运输主管部门统一规划、统筹安排、集中投放，并将建、管、养、运、安等资金全额纳入财政预算，根据实际需求实行"半年一调"。示范县创建以来，犍为县本级完成交通运输领域投资42.4亿元。

三是在执行落实上严格考核督导。坚持把城乡交通运输一体化发展工作纳入年度目标绩效考核，作为领导干部年度述职的重要内容，与干部使用、职级晋升、评先评优等直接挂钩。抽调精干力量16名，组建创建工作专班，专职从事创建督导考评工作，先后开展专项督查23次，督促解决县客运中心站迁建、五犍沐快速公路建设等问题37个。

（二）坚持"创促建"，夯实发展基础

一是坚持补齐短板。始终坚持缺什么补什么、老百姓关心什么抓什么、哪里薄弱提升哪里，紧盯突出问题，强势攻坚突破，夯实创建基础，跑出发展"加速度"。示范县创建以来，犍为县投资270.4亿元，新改扩建国省干线、县乡道、村道2757公里，建成桥梁10座、实施安保工程466公里，岷江港航电犍为枢纽、仁沐新高速公路、成贵高速铁路等对外大通道建成投运，100%的镇和100%的建制村实现通水泥路（油路）。

二是坚持管养并重。坚持"三分建设、七分管养"的理念，创新实施县有路政员、片区有指导员、镇有监管员、村有护路员和维修整治专业化、日常养护市场化、村道养护群众化、监督考核常态化的"四员四化"模式，实现了每条路有人抓、有人管、有人监督，形成了"政府主导、部门协同、行业主抓、社会参与"的犍为办法，农村公路列养率、县镇村三级管理机构设置率、爱路护路公约制定公示率均达100%。

图　30-1

图30-1　犍为县路网体系

（三）坚持"普惠民"，共享发展成果

一是大力实施客运站点工程。坚持站点与路网建设同步规划、同步建设、同步投运。示范县创建以来，犍为县新改建一级客运枢纽站2个、农村客运站30个、招呼站（牌）1023个，镇、村实现客运场站全覆盖。

图30-2　县镇村三级客运站点

二是大力实施客运惠民工程。在示范县创建期间，犍为县创新实施城市公交一元通、城乡客运公交化、便民小客到农家"三大交通惠民工程"，投放车辆288辆，在县城开通城市"一元通"公交线路12条，开通县到镇的城乡公交线路19条，开通镇到村的8座及以下便民小客线路78条，城乡公交化率、建制村通客车率均达100%，每年为群众节约出行费5000余万元。

图30-3　三大交通惠民工程

三是大力实施物流网络工程。 按照建设标准化、管理规范化、服务多元化的要求，犍为县整合客运、邮政、供销、快递物流等资源，建成县级物流中心、配送中心、邮政分拨中心各1个，以及快递集散中心7个、镇级寄递服务点119个、货运场站61个、村级益农信息社338个和金通·邮快驿站164个，镇、村物流节点覆盖率达100%。

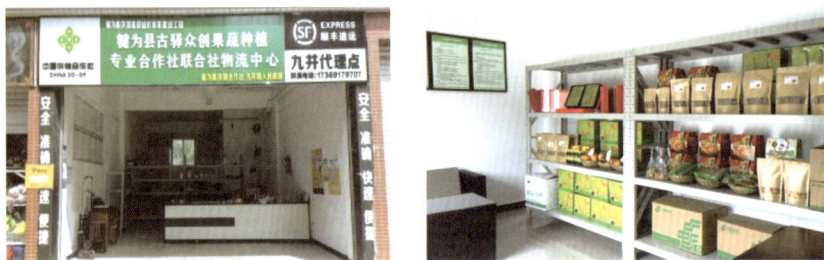

图30-4　县镇村三级物流节点

四是大力实施安全监管工程。牢把安全"红线"，犍为县持续增强城乡客运安全运营保障能力，深化实施客运车辆24小时实时监控、客运车辆主动安全智能防控、交通运输安全乡镇综合监管、客运线路安全隐患专项整治"四大安全保障工程"，构筑横向到边、纵向到底的安全监管网络，自2009年起，连续多年未发生较大及以上安全责任事故。

专栏30-1 犍为县四大安全保障工程

（1）对客运车辆进行24小时实时监控。建立县级交通运输安全监控中心，由政府和企业分别派员入驻，实行政府集中监管、企业交叉监控，通过4G视频、实时定位、便捷通信等功能，对417辆客运车辆、5艘客渡船舶、2个客渡码头、城区2个客运站等重点岗位以及岷江大桥等重点路段实行24小时在线实时监控、信息提醒，及时发现、记录、纠正、抄送客运车辆超速、超范围运行等违法违规行为。

（2）客运车辆主动安全智能防控。安装客运车辆主动安全智能防控车载终端。通过主动安全智能防控系统人工智能算法，感知预判客运车辆前向碰撞、车距过近、运行线路偏离，以及驾驶员疲劳驾驶、接打电话、吸烟等危险信息，第一时间向驾驶员发出防御报警和语音提示，最大限度地避免客运车辆交通事故的发生。

（3）交通运输安全乡镇综合监管。在15个镇规范组建了交通运输安全管理办公室，抽调专职或兼职人员91名，经公安交警和交通运输执法部门培训合格后，开展交通运输安全综合监管；在164个村主要入口设立交通安全劝导点195个，配备交通安全劝导员195名，筑牢了基层交通运输安全防范屏障。

（4）客运线路安全隐患专项整治。持续强化"人民至上、安全第一"发展理念，持续开展客运线路安全隐患专项整治，坚决防范化解交通运输安全风险，确保客运线路安全畅通。在示范县创建期间，犍为县增设限速标志15处、道路安全标志标牌112个、交通标线6.2万余平方米、波形护栏466.258公里，客运线路安全隐患治理率达100%。

（四）坚持"实着力"，发挥示范作用

一是注重融合发展。坚持交通跟着产业走、产业围绕交通布，大力实施"交通+"战略，把交通与农业特色产业、文体旅游产业、快递寄递物流服务等深度融合，不断完善服务设施、拓展服务功能、提升品质内涵，实现了"路产、路旅、交邮"等多元融合发展路径。

二是注重探索创新。以示范县创建为契机，积极探索引领发展、符合实际、体现特色的城乡交通运输一体化发展之路，形成了推进城乡"交通+旅游"融合发展、"三大交通惠民工程"和"四大安全保障工程"安全监管模式，推进客货运邮融合发展等可复制、可推广的城乡交通运输一体化发展犍为模式。

三 取得成效

（一）城乡之间联系更紧密

按照"打通大通道、构建主骨架、畅通内循环"的思路，坚持优化与周边区域的衔接、优化县域内部公路网络结构，2691.4公里农村公路由窄变宽、由通向好、由线成网，形成了干支相连、外通内畅、四通八达的农村公路路网体系，打破了交通运输对城镇和农村的分割，实现了城乡交通运输的高效连接，促进了城乡融合统筹发展，城乡之间联系更加紧密，15个中心集镇到县城的车程最长仅需0.5小时。

（二）城乡群众出行更便捷

坚持让广大人民群众共享交通运输发展成果，在城区开通"一元通"公交，覆盖主要街道、学校、医院、大型商贸区和住宅小区，城区票价为1元，经营性亏损由县财政全额"买单"。在县城与乡镇之间实施公交化改造，发班间隔时间缩短80%，票价降低42%，在不超载的前提下允许在县城区内所有招呼站上下乘客，县城到镇实现"零换乘"。在乡镇与村之间开通8座及以下便民小客车，实

行区域经营、定点摆放、电话预约、上门接送，为群众出行提供门到门、点到点服务，农村群众"出门水泥路、抬脚上客车"的愿景成为现实。

（三）农村商品流通更快捷

为解决农村物流配送、邮政寄递"最后一公里"问题，犍为县按照"一网多用"的发展思路，利用便民小客车服务网络覆盖面广、直通直达、经营灵活的优势，盘活农村客运资源，挖掘农村客运效益，鼓励便民小客车与邮政、快递企业合作，按现有区域经营的模式，开展镇到村物流配送服务，既降低了物流运营成本、增加了便民小客车辆营收，又为广大人民群众提供了及时、便捷的物流服务，实现了"小件快递送上门、对外寄递不出村"和小件货物"半日送达"的目标。据统计，犍为县农村物流价格单价由平均5元/千克下降至3.5元/千克左右，普通快递县内最长送达时间由3天缩短到0.5天。

（四）服务发展能力更显著

通过城乡交通运输一体化建设，高标准推进工业园区、农业园区、旅游景区配套道路建设，建成工业基地"一纵两横"、塘坝旅游快速通道等产业道路430余公里，创成国家4A级旅游景区2个、3A级旅游景区2个和省五星级茉莉花农旅现代农业园区，工业基地列入全省"5+1"重点特色产业园区培育发展三年行动计划，嘉阳·桫椤湖入选全国乡村旅游精品线路，"犍为茉莉茶之恋"入选全国60条茶乡旅游精品线路，跻身天府旅游名县候选县，犍为的影响力、吸引力和核心竞争力全面提升。

③1 重庆市永川区：全面提升客运服务，惠民利民

一 基本情况

永川区位于长江上游北岸、重庆西部，东距重庆中心城区55公里，西离成都276公里，是成渝地区双城经济圈枢纽节点、重庆主城都市区战略支点。全区总面积为1576平方公里，辖7个街道、16个镇，2021年末常住人口为114.9万人，中心城区面积82.8平方公里，人口超80万人，城镇化率71.14%。近年来，永川区将城乡交通运输一体化建设作为城乡建设的重要抓手，不断完善基础设施，提升客货运输服务，走出了一条城乡交通建设促进转型发展的新路径。

二 主要做法

（一）机制引导，加大财政投入，确保资金落实到位

为保障城乡一体化建设，永川区政府制定了多项支持政策，强化资金保障。在示范县创建期间，永川区共投入资金113.5亿元，实施新、改、续建公路里程3127公里，完成枢纽站和货运站场新建、改建设项目168个。2019年起，永川区政府加大新能源车辆在公共交通领域的推广应用力度，截至2021年底，累计补贴公共交通企业500余万元，促进新能源车辆推广运用。与此同时，永川区政府加大资金投入，将每年的公交补贴金额由原来的500万元提升至2153万元，有力保障了全区65岁以上老年人享受免费乘坐公共交通的优惠政策。此外，永川区政府对辖区内"村村通"运营补贴由每天每座6元提高至每座15元，有力化解了农村客运"开得通、留不住"的难题，并制定了"村村通"客车营运补贴实施细则，

加大运营监管和考核力度，保障"村村通"有序运行。

（二）外联内通，强化枢纽节点，织密城乡交通网络

一是围绕外联内畅，构建产城景融合发展网。加快推进中心城区至永川快速物流通道和南北通道前期工作，建设"一枢纽九干线三支线"铁路网络、"一环十一射"高速公路网络和"十字形"东西、南北非收费快速物流通道。加快"四好农村路"建设，在实现"组组通"的基础上，积极推进有条件的农村"户户通"。实施"交通+新村""交通+产业""交通+旅游"工程，建成群众期盼了30多年的青新路、何津路，改造了惠及民生的山水五石路、石笋山景区路等30条产业路、旅游路、联网路、出境路。

二是围绕枢纽贯通，构建一体衔接综合枢纽网。高标准、高水平建设永川南站综合客运枢纽，科学布局市域（郊）铁路永川线客运站点，着力推动"四网融合"发展。在示范县创建期间，永川区建成了技师学院、谭家坝等公交首末站，完成凤凰湖公交停保场、瓦子铺汽车客运枢纽站以及100余个公交车充电桩基础设施建设，新改建客运站2个、公交停保场2个，新改建各类公交站点设施912个，其中公交站亭392个、智能电子站牌160个、港湾式停靠站360个，乡镇客运站覆盖率达100%。加快港桥现代物流园区、凤凰湖供应链物流枢纽建设，强化港口、机场、铁路枢纽等配套公路连接线建设，有效解决"最初一公里"和"最后一公里"问题，推动物流降本增效。

（三）惠民利民，优化客运服务，推进城乡客运一体化

一是打造多样化公共客运服务。依托成渝高速铁路公交化列车，开通与周边地区的城际公交线路。创新发展省际公交，率先双向开通永川区朱沱镇至泸州市高速铁路东站（云锦）的省际公交。创新公交服务模式，开通循环公交、旅游公交、节假日公交、定制公交，开通西部首条自动商业化运营的自动驾驶公交线路、发展自动驾驶网约车，满足人民群众多元化出行需求。

二是推进传统客运转型升级。"永川至重庆"客运班线全线105辆客运车辆实现"公车公营"，6家经营主体合并组建永渝线联合经营中心，实现中心统

一调度、统一管理、统一服务标准、统一考评、统一营收的新经营模式，改变各自为战的经营局面，车辆载客率和服务质量得到明显提升。创新发展定制客运，"茶竹快巴"品牌被重庆市交通局确定为客运转型示范线路在全市推广。截至2021年底，永川区已开通永川至铜梁、永川至荣昌、永川至璧山等6条定制客运线路。联合多部门率先开通永川至重庆江北机场的夜间定制班车。城乡公交纵深化发展，完成永川至三教、陈食、临江等12乡镇农村客运线路、115辆客运车辆的公交化改造。开通市区至最远乡镇定制客运班线1条，极大提升了乡镇群众出行幸福感。

图31-1　"茶竹快巴"定制客运

三是提升农村客运运行效率。为解决农村群众出行"最后一公里"问题，永川区在全区建制村通车率已达100%的基础上，全面实施农村客运"预约响应式"服务。村民可结合"乘车预约告知牌"信息，根据自身出行需求，提前与线路预约响应人沟通，商定出行时间和出行人数，极大减少了农村群众出行候车时间，提升了农村客运运行效率。

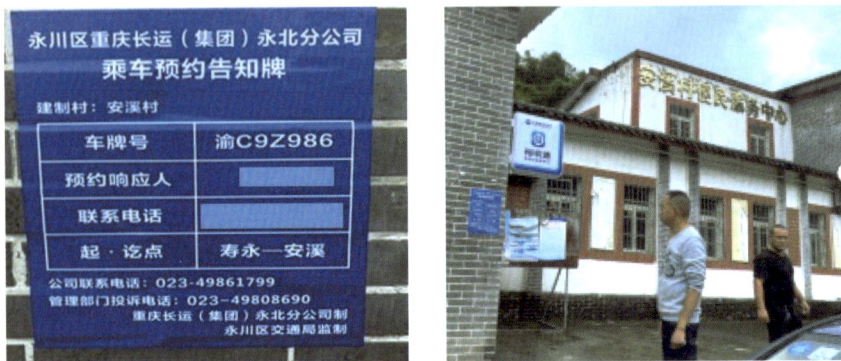

图31-2　农村客运预约响应

（四）深化改革，务实创新，全面完善货运物流体系

一是完善物流节点建设。永川区将乡镇农村客运站、电商服务中心、邮政局（所）和农资站升级改造为镇村级物流节点，实现了功能叠加和多站合一。建成了永川区快递智能分拨中心，政府补贴14万元，由永南物流园牵头，多家货运企业配合，建立了共同配送体系和物流信息化快递第三方平台，提高了物流信息处理和传递速度，降低了物流成本，快递智能分拨中心日均快件到港近18万件/年。截至2021年底，永川区已建成2个区级物流节点、16个镇街物流节点、206个村级物流节点，镇、村电商快递物流服务实现100%全覆盖。

二是推进客货邮融合发展。发展"交通+邮政"，永川区在区级货运站场建设统一快递分拣线，通过货运班车和客运车辆协同带货，有效解决快递物流"最后一公里"难题。推进"交通+电商"融合发展，永川区农村电商通过"村村通"将村级物流节点农产品运送至乡镇物流节点或乡镇车站，随后由货运班车或乡镇客运车辆运送至区级物流节点或城区客运站，与区级物流网络形成有效衔接。发展"客运车站+邮政快递"，永川区客运车站通过与快递公司或邮政企业签订战略合作发展协议，车站每季度平均带货量约1300件。

（五）智慧赋能，智能监管，深入推进创新发展

一是深入推进智慧交通建设。永川区全力打造全国首个L4级"西部自动驾驶开放测试与示范应用基地"，推广应用无人驾驶公交车、网约车，提升智慧出行服务水平。全区城市公交全部实现语音报站、智能调度、IC卡和移动智能支付，公交车内免费Wi-Fi全覆盖。深入推进移动支付、银联卡在公交车上的应用，升级车载销售终端，增加银行卡"云闪付"、手机扫码等功能。新改建智能电子站牌160个，实现公交线路来车预报。

二是部门联动强化安全监管。永川区建立了由区政府牵头的安全监管机制，多部门联动共同整治。将道路交通安全工作开展情况纳入对各部门的年度考核指标，建立多部门会议联系制度，每季度召开道路运输行业安全工作联席会，交通、公安、应急、教委、农委等部门和相关乡镇共同分析研判季度安全形势，部署安全生产工作。制定了季度联合执法方案，强化源头管理，促进企业落实安全

生产主体责任，实现企业本质安全。

三是创新智能安全监管体系。永川区建立了交通运输安全风险平台，通过大数据、信息化助力行业安全监管，实现了运输企业风险可视化、风险预警自动化、行业监管远程化。此外，建立了永川区普通货物运输车辆数据监控中心，定期汇总分析车辆上线率、漂移率、车辆报警次数等指标，列出危险指数排名靠前的企业、车辆，为行业安全监管提供了数据支撑。

三　取得成效

（一）补齐基础设施短板，夯实客货运输发展基础

永川区全力推进"四好农村路"建设，在全市率先实现"组组通"的基础上，力争有条件的农村"户户通"，建成200余公里产业路、旅游路、出境路、联网路、出境路，外部联通、内部畅通、枢纽贯通的交通设施网络格局基本形成，日趋完善的交通基础设施网络为人民日益增长的美好生活需求提供了有力保障。

（二）客运服务提质升级，切实提升群众获得感

客运服务网络日趋完善，群众出行条件明显改善，形成城市公交、城乡公交、镇村公交高效协同、无缝衔接的城乡交通新格局。交通惠民举措全面落实，公交同城待遇加快实现，公共交通均等化服务水平不断提升，通过政府购买服务、财政补贴等形式，实现票价优惠、服务优化的发展目标，切实提升群众获得感。

（三）货运物流互融畅联，助力乡村经济新腾飞

货运通道加快补强，货运信息化建设提速推进，全面推动现代化物流体系互融畅联。实现了建制村直接通邮比例100%、具备条件的乡镇快递服务网点覆盖率100%、具备条件的建制村通快递比例100%，进一步加密了农村物流服务网点，推进农村物流高质量发展，切实发挥出"交通带物流、物流带经贸、经贸促产业"的作用，促进了永川区经济社会的快速发展。

(32) **新疆维吾尔自治区昌吉市：**
推进城乡交通运输一体化，促进农牧民群众
增收创收

一 基本情况

昌吉市是新疆维吾尔自治区昌吉回族自治州州府所在地，下辖8个镇、2个乡、6个街道办事处，63个建制村和70个居委会，总面积为7971平方公里，2021年末常住人口为40.45万人。自2017年入选全国城乡交通运输一体化示范创建县以来，昌吉市坚持把城乡交通运输一体化建设工程作为促进经济发展、改善民生的一项重要举措，立足惠民主旨，加强组织领导，突出规划引领，紧盯方案执行，加大财政支持，城乡交通基础设施不断完善，运输服务能力显著增强。

二 主要做法

（一）深入推动城乡交通基础设施建设

昌吉市借助第二次中央新疆工作座谈会、丝绸之路经济带的发展机遇，将常规化的区域内农村公路交通建设重心向对外区域综合交通路网转变，将乌昌石城市群发展战略目标与昌吉市对外区域发展紧密联系，相继落实了G312线昌吉过境段公路、乌奎高速公路世纪大道互通立交桥等重点项目，初步实现南、中、北部三个东西纵向的交通路网框架。同时昌吉市以城乡交通运输一体化示范县创建为契机，以"美丽乡村"建设为抓手，在自治区、昌吉州交通运输主管部门对通村油路的补助资金的原则基础上，农村公路建设计划向特色乡镇、中心村改造、牧民定居倾斜，建设整村推进示范点，加大资金配套力度。在示范县创建期内，昌吉市共完成农村公路190公里、旅游及专用公路140公里，修建桥梁6座，使农村公路的建设真正成为破解"三农"问题的"金钥匙"和建设小康社会的"加速器"，有力促进了农牧民持续稳定增收。

（二）构建公共交通优先发展的客运体系

坚持将农业产业规划、全域旅游发展和美丽乡村建设等工作有机结合，昌吉市大力构建辐射一区三园及昌吉市所辖各乡、镇、村的公交服务体系。2019年，昌吉市已经完成了城乡客运公交化改造，共开通公交线路66条，现有公交车辆399辆，公交线路覆盖全市10个乡镇、2个团场15个连队、2个国家级园区，乡镇、村通公交率100%，成为全疆首个"村村通公交"的县市。在示范县创建期内，昌吉市购置159辆新能源纯电动公交车，新（改）建雨棚式农村公交停靠站130个，改造提升城郊客运站2个，建成农村公交首末站2个，公交停车场4个，公共交通服务水平显著提高。所有公交车安装智能视频监控报警装置和车载终端，完成公交公司智能调度指挥中心升级改造并投入运营，通过实时监控等科技手段，能够对突发事件做出快速反应，提升了突发事件应急调度指挥和处理能力。

（三）打造城乡物流发展新局面

在示范县创建期间，昌吉市建成县级货运节点4个，乡镇物流服务站10个，建制村农村物流服务点63个，建成3条交邮合作、邮快合作线路，以供销社作为农业物流集转中心，以邮政公司作为农村快递配送聚集点，使农村快递物流服务覆盖全市8个镇、2个乡、63个建制村，形成了较为完善的县、乡、村三级农村物流配送服务体系。新疆交通运输物流公共信息服务平台的投入使用，使农资产品的流通升级进一步加快，物流配送呈规模化发展。

（四）多部门协同推进融合发展

昌吉市采取"互联网+供销社"线上线下的运营模式，多部门协调配合，引导创办了"为农服务中心"，将电商平台引入供销社，依托在线商城的资源和直通农村的物流体系，将质量有保障、价格相对低的商品从厂家直接送到体验店里，实现厂家和老百姓的直接对接。昌吉市先后设立了8个乡村电商综合服务中心，通过邮政和快递合作，有效利用农村物流仓储配送站现有的网点，进行升级改造，并与城乡交通基础设施衔接，有效利用现有的乡镇汽车站场地设施，将农村物流和乡镇汽车站资源进行整合，实现农产品线上、线下销售，农民购买生活必需品的快递快件通过农村物流仓储配送站及时便捷送达。

三　取得成效

（一）农村运输服务体系日趋完善

城乡交通运输一体化示范县创建工作有力地促进了昌吉市"城市现代化、农村城镇化、城乡一体化"社会发展，城乡道路客运发展更加协调、网络衔接更加顺畅、政策保障逐步到位，服务广度和深度逐步提升，可持续发展能力明显增强。城乡货运物流融合发展趋势显著，有效激发了物流企业活力，形成了集约、高效、绿色、智能的县、乡、村三级农村物流配送服务体系，为昌吉市精准脱贫和乡村振兴起到了积极的推动作用。截至2021年底，全市农村公路总里程已达1750公里，农村公路乡镇通达率和通畅率达、建制村通达率和通畅率均达100%。2019年，昌吉市荣获全国"四好农村路"示范县称号。

（二）城乡客运一体化取得新突破

昌吉市全面推行"城乡客运一体化"以来，市区公交站点覆盖率达95%以上，城市万人拥有公交车数达13.5标台，公交出行分担率达到45%，城市客运量平均每天达20万余人次。积极探索绿色交通发展模式创新，城市公交全部实现电动化，城乡客运新能源车辆占比达56%。城乡客运发展更加协调，网络衔接更加顺畅，政策保障逐步到位，服务广度和深度逐步提升，可持续发展能力明显增强。

（三）农村客货邮融合发展步入新阶段

昌吉市以供销社作为农业物流集转中心，以邮政公司作为农村快递配送聚集点，通过建设一批农村社会化服务中心、铺设一张快递直达网、搭建一个信息平台、建造多个示范物流园等措施，整合昌吉市物流、邮政快递、电商、农资、农业等资源，使农村快递物流服务覆盖全市8个镇、2个乡、63个建制村，形成了农村"客运+货运"两网合一、"邮政+快递"同步融合、"电商+农资"全面合体的运营模式，促进多业态融合发展，激发物流企业活力，优化资源配置，降低物流成本，提高运行效率，推进农村物流高质量发展，形成了集约、高效、绿色、智能的县、乡、村三级农村物流配送服务体系。

33　新疆生产建设兵团第六师五家渠市：加速城乡运输服务转型升级，探索交通助力脱贫致富新实践

一　基本情况

第六师五家渠市（简称"五家渠市"）是新疆生产建设兵团第六师师部驻地，位于乌鲁木齐市北郊，是乌昌五都市经济圈的重要组成部分。近年来，五家渠市高度重视城乡交通运输一体化发展，坚持"政府主导、部门联动、协调配合、统筹推进"的原则，持续完善政策体系，加大投入力度，丰富服务方式，创新管理模式。在基础设施建设、运输服务提升等方面取得了长足进展。

二　主要做法

（一）注重组织领导，强化过程督导

坚持以政府为主导，五家渠市成立了师市城乡交通一体化工作建设领导小组，建立多部门共同参与的组织协调机制，建立良好的沟通对话机制，解决创建过程中的重大问题。并根据师市领导调整情况，及时调整城乡交通一体化建设工作领导小组。与此同时，强化过程督导。明确各相关部门的责任分工，细化工作任务，将建设内容纳入年度工作目标，确保创建工作扎实有序推进。建立创建工作通报督导制度，督促各单位落实创建任务，将重点建设任务和考核指标纳入师市年度经济社会发展绩效考核中，引导和激励相关部门和团场积极推进工作，打造良好的创建氛围。将创建任务融入民生实事，师市政府进行跟踪督办，确保创建工作取得实效。

（二）开展规划编制，完善用地保障

五家渠市高度注重规划对交通运输一体化发展的引领带动作用，统筹城市发展布局、功能分区、用地配置和交通发展。近年来，五家渠市编制了公共交通、物流配送体系、电子商务产业发展等多项规划，积极推进城乡交通用地的储备和供应，推动城乡运输站场体系建设，促进城乡交通运输网络优化，助力城乡交通运输资源融合，引领行业进一步规范发展。

（三）加强资金扶持，确保充足投入

一是加大农村公路建设资金投入。充分整合利用扶贫资金、土地整理项目资金、财政"一事一议"专项资金、乡村振兴战略专项资金等资金推进农村公路建设工作，农村公路建设由团场负责完成路基成形和征地拆迁工作，符合通连公路建设条件后申请纳入当年通连公路建设计划。

二是加大公交发展资金支持力度。以公交优先发展为原则，五家渠市推进城乡客运一体化发展和加快团场客运班线公交化改造。通过政府引导和政策、财政资金支持，将五家渠市市域团场（镇）及周边区市客运班线进行全面公交化改造，实现市域团场（镇）和经济开发区公交全覆盖。每年新增加的城市公交运力的成本，全部由政府财政承担，学生、老年人和残疾人乘车由政府财政统一进行补贴，实现了五家渠市与乌鲁木齐市公交IC卡乘车一卡通。五家渠市市域团场（镇）公交线路全部实行2元制票价。师市客运中心站、团场客运站运行费用不足的部分，由师市财政补贴。2018年，师市财政出资3855万元用于五家渠—乌鲁木齐客运班线、市域团场公交和学生、老年人和残疾人乘公交车补贴；出资1420万元购置71辆中型客车运营师市团场连队客运班线，全面实行师市全域（含代管50团连队）到团场（镇）2元制票价全覆盖。

> **专栏33-1　五家渠市"一城一交"转型升级**
>
> 五家渠市依靠国资国企改革推动公交客运企业规模提升，推进"一城一交"发展，通过政策引导，初步形成了公交事业规模化、集约化、规范

化发展。2018年10月，根据国资国企改革工作部署，新疆五家渠顺通城市公交有限责任公司（简称"顺通公交公司"）经股权划转正式归属于新疆国恒投资发展集团有限公司，以"两块牌子一套人马"的经营模式吸收合并五家渠新建旅客运输有限责任公司，接收五家渠汽车客运站，并按照"公开竞聘，择优录用"的原则对整合后公司的经营班子以及管理人员岗位进行公开竞聘。改革后，顺通公交公司主要经营公交客运、班线客运、客运站管理三大板块业务，2020年11月，五家渠市将鸿业养护中心进行改制，由顺通公交公司统一进行管理。至此，顺通公交公司共有芳草湖、新湖、红旗、奇台、五十团五家分公司以及五家渠新建旅客运输有限责任公司、五家渠汽车客运站、五家渠市鸿业养护中心等下属公司，共同推进城乡公交一体化改造，实现全师建制村公交"村村通"。

三是出台电子商务进农村扶持政策。五家渠市制定了电子商务进农村综合示范资金管理办法，专项用于开展电子商务进农村综合示范项目建设。对三级电子商务物流体系建设仓储中心进行补贴，给予不超过项目投资总金额50%的补贴，单个中心补贴最高不超过150万元。对物流企业购车进行补贴，与师、团签约的物流企业新购置的物流配送专用车辆在取得登记证、行驶证等落籍手续后，对每辆车补贴金额不超过车辆购置费总金额的50%，且最高不超过5万元，享受补贴购置的车辆应承诺为农村电商物流配送服务5年以上。对物流配送进行补贴，对电子商务进农村发生的物流费用，每单补贴2元，补贴额度总数不超过50万元。除此之外，对师域电子商务公共服务中心建设改造和运营维护给予补贴，补贴金额不超过400万元，其中运营维护费用不超过40万元。

三 取得成效

（一）公路建设保持高位推进

在示范县创建期间，五家渠市公路建设完成投资持续增长，公路网规模和技术等级稳步推进，形成了以五家渠市为中心，联通团场、通达连队的"一横六纵"的公路网骨架。实现以五家渠市为中心，辐射周边市、团场（镇）的半小时经济圈。农村公路条件明显改善，通连农村公路通畅能力不断提高，路网密度大幅增加，路况质量明显改善，运输环境日趋优化。

（二）运输服务加速转型升级

五家渠市通过高密度、低票价的公交运营方式，极大地提升了城市公交出行比例，较好地解决了市区和团场职工群众的出行问题，进一步缩小城乡差距，提升了市民出行的幸福感。同时以打通物流末端为目标，五家渠市建立城区、团场、连部三级农村物流服务网络，乡镇物流服务站覆盖率达100%，村级物流服务点达到100%。

跨业融合增效篇

PART 3

34 山西省平定县：聚焦交旅融合，开拓转型发展新路径

一 基本情况

平定县隶属山西省阳泉市，总面积为1391平方公里，辖10个乡镇、218个建制村，2020年末常住人口为30.62万人，其中农村人口占60.52%。近年来，平定县借助国家和山西省、阳泉市的政策扶持，坚持"城乡统筹、资源共享、路运并举"，紧抓旅游资源丰富优势，开辟出一条"城乡一体、交旅融合"的城乡交通运输一体化转型发展新路径。

二 主要做法

（一）强化资源投入，深入推动交旅融合发展

平定县把推动交旅融合发展作为交通运输与上下游产业融合发展的重点。在示范县创建期间，平定县累计投资68.9亿元，用于城乡交通运输一体化基础设施建设，其中"三大板块"旅游公路规划建设项目24个，总里程272公里，总投资34.8亿元。另外，平定县制定出台了《平定县太行一号国家观光旅游公路建设专项规划（2018—2027年）》，提出了以"一核、两通、三连、四射、五驿"为重点的"太行一号"旅游公路网建设规划，对外联通盂县、昔阳、寿阳、阳泉市郊区和河北省石家庄市等地的旅游公路网，对内贯通红岩岭、娘子关、固关长城、七亘、东浮华山、药林寺、冠山、七岭山、狮脑山百团大战纪念馆等景区景点。针对娘子关景区等主要景点，加快新建旅游驿站，拟打造成集旅游集散、旅游驿站、汽车充电站等于一体的综合服务站，旅游公路项目全面建成通车后将成为平

定县交通运输基础设施的"点睛之笔"。同时，开通了平定县城—娘子关、平定县城—玉皇洞、平定县城—固关长城等10条旅游客运线路，线路总里程超500公里。

（二）坚持改革创新，夯实城乡客运发展基础

平定县委、县政府高度重视城乡客运发展，将解决全县城乡居民的出行列入全县工作重点，提出了"3336城乡公交客运一体化工程"，即用3年时间，筹资3000万元，购置300辆公交客运车辆，政府补贴购车资金600万元，建立覆盖县城和全县318个建制村的城乡公交客运一体化经营体系。锚定目标，平定县通过多元化投资和市场化机制，组建了统一的全县城乡公交和农村客运经营主体。利用全县城乡公交客运一体化公司经营优势和实力，采用"主线收购、支线过渡"的办法，实现了对个体客车经营者的整合，保证了平稳过渡，通过延伸客运班车线路，开通镇村客运、预约叫车和定制客运服务等多种形式，实现了42个贫困村的通客车服务，解决了人民群众出行的"最后一公里"问题。通过在节假日等重点时段组织开行周末班、赶集班、节假日班等方式，满足农村群众返乡返岗、赶集购物等出行需求。

专栏34-1 平定县推进城乡客运一体化发展

平定县以东方世纪公交客运有限公司为主体，开展以"收、汰、购"为主要内容的城乡道路客运体制改革。"收"，即对城乡客运主线上运行的私营客车进行收购。"汰"，即为支线过渡，本着"平稳过渡，逐步消化"的原则，逐步淘汰承包经营的农村客运班车。"购"，即由东方世纪公交客运有限公司投资购置了300辆公交车和中小型客车投入市场，逐步实现公车公营公交化运营。通过规范客运市场主体，平定县有效解决了原来存在的各经营主体集约化程度小、抗风险能力弱、恶性竞争等问题，实现线路、车辆的集约化经营，为平定县城乡道路客运一体化快速发展排除了障碍，实现了城乡交通运输统一调度、统一运行，形成了长短互补、服务规范、共抗风险、良性协作的健康发展态势。

根据全县城乡客流在地域和时段上的差异，平定县因地制宜、因时施策，发挥大、中、小不同的车型优势，构建了"大、中、小"三个维度的循环互动客运网络。投入大型公交车辆，开通平定环城公交，实现了县城周边公交化全覆盖；投入中型公交车辆，开通县城至重点乡镇和较大建制村的公交线路，实现城乡主线公交全覆盖；投入小型客运车，以"镇村客运"的方式发展乡村公交和区域公交，并在各建制村设立固定的客运联络点，定时定点发车，合理配置运力资源，满足群众出行乘车需求，全面实现"村村通公交"的客运网络全覆盖。

（三）专注基层服务，推动城乡物流转型升级

以双业融合服务集聚产业园、新业态智能物流园等一批现代物流企业为依托，以公交服务为补充，充分发挥邮政、快递、电商和网上供销社的作用，构建起上下协同、衔接畅通的县、乡、村三级农村物流网络。依托供销基层网点和城乡客运站，整合资源，优化链条，积极探索"互联网+"的模式，改造升级传统小卖铺和供销社220家，实现了"三有一能"，即县有"供销e家"电商服务中心、乡有电子商务服务站、村有电子商务配送点的新型服务模式，形成了覆盖全域10个乡镇、218个建制村的多元物流配送体系。推进城乡交通运输与邮政快递融合发展，推出平定公交与平定邮政的运邮合作项目，实现县城到乡镇、乡镇到村的邮件配送全覆盖，满足了偏远地区群众的邮件取送需求。

三 取得成效

（一）交游融合带动经济发展

2021年底，平定县"太行一号"旅游公路网已基本建成，联通平定县与周围县市，同时辐射50个骨干村、34个传统古村落和42个贫困村，全面串联起县域内主要旅游景区，形成以娘子关为核心的6个3A级以上旅游景区，2022年接待游客

超过200万人次，年旅游总收入达到10亿元，为平定县乡村振兴、脱贫攻坚和全面实现小康社会创造了坚实的交通运输条件。

（二）产业联动促进服务转型

平定县以产业转型为契机，从推动发展现代服务业的视角出发，探索城乡物流服务业发展新空间、新路径、新方向，以重大基础设施为依托，打造现代城乡物流服务业和其他产业融合发展的平台。2019年，阳泉市双业融合服务集聚产业园成为交通运输城乡客运服务一体化示范基地。2020年6月，园区被山西省发展和改革委员会确定为"山西省省级现代化服务业集聚区"。利用毗邻太原、石家庄的地理区位优势和通达的交通基础设施网络，平定县通过投资建设和整合阳泉地区各类资源，在双业融合服务集聚产业园形成了以电商仓储、物流配送、先进制造业为主业的现代化服务业集聚区；通过"互联网+供销社"模式，村民可以通过电子商务平台销售自产产品，购买生产生活资料，覆盖了全县10个乡镇，218个建制村，有效缓解了农副产品买卖难的问题，为乡村振兴营造了良好的发展环境。

35 吉林省磐石市：
"客货邮快"合力推进城乡运输提质增效

一 基本情况

磐石市位于吉林省中南部，总面积为3867.3平方公里，辖14个乡镇、4个街道办事处、1个省级经济开发区、268个建制村，2021年末常住人口为49.12万人。磐石市坚持"乡村振兴，交通先行"的发展理念，大力发展城乡交通运输一体化建设工程，充分发挥交通运输在支持扶贫产业发展和产业转型升级中的支撑和引导作用，为实施乡村振兴战略提供坚实的交通保障。

二 主要做法

（一）推进多站合一，实现客货同网运行

磐石市结合实际，坚持把解决"农村物流配送难"问题作为推进农村物流配送体系建设的重点难点问题和首要任务，以构建市、乡、村三级物流服务网络为抓手，形成了以"物流信息平台+商贸""快递企业+社会运力+服务站点（电商企业）"的物流运营模式，较好解决了农村物流"最后一公里"问题。以磐石市客运总站为核心节点，对客运站进行功能改造，专门划拨区域建设物流作业中心，开设邮政与供销服务专区，形成具有小批量货物集散、运输、储存、分拣与配送功能的客运站物流中心，组织重点快递企业进驻，并在客运站建设邮件处理中心和邮政营业网点。以乡镇客运站、邮政网点作为第二层级节点，对乡镇客运站、邮政网点等进行升级改造，兼具疏散、少量仓储及综合服务功能，形成农产品进城运输、小件快递以及分销商品捎带的集聚区，建设成为区域农资、农产品

和农村日用消费品配送平台乡镇节点。为交通便利的农村便民店增设村邮站服务功能，通过签订合作协议等方式构建利益共享机制，服务农村居民用邮需求及日常小批量物流作业任务，满足村民收派信件、包裹快递等需求。农村客运班线在便民店设置停靠站点，开展农村客运车辆捎带小件业务。

图35-1　综合服务站建设

（二）强化资源整合，优化乡村配送服务

一是优化资源配置，提升配送效率。 全面整合农产品加工、商贸百货、农资家电等农村物流货源和客运站、邮政快递网点等城乡交通运输资源，配备配送专用车辆，合理规划物流线路，开通"城区到乡镇"物流路线5条，每天安排专线车辆从市级电商物流配送中心和乡（村）电商物流服务站点准时出发开展双向物流配送，实现了货物、商品和快递包裹当天送达，配送时间缩减过半，农产品上行时间极大缩短。

二是推动行业合作，促进协同发展。 磐石农业投资发展有限公司与顺丰、百世、中通等多家快递企业和商贸企业签订了农村物流配送合作协议，整合上下行快递包裹和商品的配送，通过行业各企业有效合作，快速形成城乡物流集群效应，实现商流、物流、信息流和资金流的聚集。

（三）搭建服务平台，创新物流运营模式

搭建吉美农品电商服务平台，快速建立起"工业品下乡"和"农产品进城"的双向渠道。在服务平台连接下，农民手中的农产品由农村物流站点统一收货

整理，发送至乡镇物流服务站，经市级物流分拨中心完成市级物流分拨，最终发往全国各地。而全国各地的货物，经市级物流分拨中心分拣后，由磐石农业投资发展有限公司物流专车送达村级物流点，实现"点对点、门到门"的精准定向服务，有效解决市、乡、村三级物流配送机构信息不对称的问题。在小件运输中，物流公司利用客车通村（屯）优势，降低了村（屯）业务运输成本，与市内、乡镇客运站合作，利用市、乡镇客运场站作为物流网点，实现揽收、仓储、分拨等功能。通过共用分拨场地、运输车辆、末端网点和收派人员，创新性地实现了多家快递物流品牌共分拨、共运输、共末端收派，使场地资源、运输资源、人力资源得到充分利用，运营成本得到有效降低。

（四）强化服务管理，全面提升客运服务

磐石市整合15条效益滑坡的农村客运线路，采取"一车多许可"的模式，既保障了农村群众基本出行，又提高了客车利用率。新增19路公交线路，延长和改造8条城乡公交线路，完成了6辆班线客车的公交改造，改造2条镇村公交线路。开辟了乡村特色旅游区域的乡村旅游客运线路，促成莲花山集团有限公司与吉林省港中国际旅行社有限公司等5家旅行社合作，共同开展旅游业务咨询和旅游产品销售，推进"运游融合"，发展旅游包车6辆，开通了莲花山旅游客运专线"车票+门票"一票直达服务。城乡客运车辆全部安装卫星动态监控设备，城市公交车辆全部安装车载监控设备，在全省互联网+运政服务网上完善了全市城乡道路客运基础数据，提升了交通运营管理智能化水平；公路安保工程全部完成，通客车农村公路安全隐患治理率达到100%；建立了农村客运班线通行条件联合审核机制，提升了城乡客运安全运营保障能力。

三 取得成效

（一）大幅提升了基层物流效率

磐石市充分利用农村公路日益畅通、便捷的优势，将农村电子商务和现代物

流业有机融合，建设了县级物流服务中心、乡镇综合服务站、村级综合服务点（农村小超市）的三级物流节点，以商品流带动物流，实现了区域农村物流网络与干线物流网络的有效衔接，优化交通物流管理模式，降低物流运营成本，改善物流服务品质和消费体验。快递公司运营成本的降低带来了电商快递费用的降低。单件货物运送至乡镇、村的费用，从原来的8~10元降至2~3元，农村电商物流成本下降70%以上。乡村快递包裹寄出时间由原来的3~4天提高到现在的1~1.5天，平均缩短2~3天时间，快递物流时效和服务质量大幅提升。

（二）促进了乡村旅游产业发展

磐石市加大旅游公路的建设力度，拓展"运游一体"服务，支持对旅游区域开通旅游客运线路，把生态旅游产业发展成为磐石市的支柱产业。与此同时，农村公路成为连接乡村旅游景点和游客的重要纽带。通过农村路网建设，磐石市将各乡镇旅游资源"串珠成链"，着力打造出涵盖生态观光游、休闲采摘游等业态的便民旅游交通网。目前，农村休闲旅游新兴业态已初具规模，"重走抗联路"等红色旅游方兴未艾。

图35-2　农村客运助力乡村旅游发展

36 黑龙江省穆棱市：
交邮深度融合，力促"三农"发展

（一）基本情况

　　穆棱市位于黑龙江省东南部，是黑龙江省18个边境县（市）之一，市域面积为6196平方公里，辖6个镇、2个乡、127个建制村，2021年末常住人口为25.8万人。穆棱市委、市政府高度重视城乡交通运输一体化创建工作，坚持服务民生、服务"三农"导向，加快落实城乡基础设施建设，扩展城乡客货运输服务体系建设，探索城乡客货融合发展新路径，打造"交邮合作"服务品牌，服务民生、服务"三农"成效显著。

（二）主要做法

（一）强化城乡交通发展基础设施建设

　　在示范县创建期间，穆棱市加大城乡交通基础设施投入力度，完成了33个撤并建制村公路全部硬化、3.5米窄路面加宽改造、国有林场通硬化路、自然村通硬化路项目、路网改善项目，实施危桥改造108座、安全生命防护工程30项、公路隐患治理351公里。建设完成2个客运站、6个乡镇农村交通邮政综合服务站、2个物流园区、2个货运站和23个农村物流站点，实现了2个物流园区、52个综合运输站的城乡物流覆盖网络。

（二）全面提升城乡客运服务质量

　　穆棱市编制城乡客运线路调整方案，多次召开会议进行协商征求意见，明确新增和调整线路均采取多部门联合审批机制。随着高速铁路穆棱站的开通，为缓解高速铁路车站乘客出行，优化调整4条客运线路途经高速铁路穆棱站，适应乘客出行需求，调整6条运营线路。完成对运营车辆的GPS设备及监控系统的安装，进一步实现了定位、监控、记录、警示、指挥调度、运营管理、信息、网络等综合功能。管理员可日常监控车辆行驶轨迹、发车时间等，高效定位车辆运营情况，对于问题车辆及时追踪，提升应急响应速度，极大提高了车辆调度的高效性和安全性。每年度对驾驶员从出勤里程、载客量、服务质量、违章违纪等方面进行一次考核，同时对公交线路从车辆保洁、文明行车以及服务质量方面进行考核。对获评优质线路和优秀驾驶员的车辆，公司减收10%服务费作为奖励，充分发挥优秀驾驶员的引领示范作用，带动全体驾驶员综合素质的提升。

图36-1　穆棱市客运站和交通邮政综合服务站

（三）打造"交邮合作"服务品牌

积极探索交通运输与邮政部门合作，利用农村客运资源，实现资源共享、业务互惠、共同发展的目标，服务民生。村民在家门口享受到了包裹邮寄、快递服务，投递频次全部达到每周5次以上；能够像城里人一样在电商平台上网购，在家就可以把农副产品远销全国；便民缴费和出行购票不用再奔波几十公里甚至上百公里，可24小时办理小额存取款、跨行转账、刷卡缴费、邮政汇款等业务。

通过交通邮政设施共用，优化了人力结构，盘活了闲置资产，降低了运输企业成本，实现了提质增效。以运输企业按每条线路运费为3500元/年来计算，收入提高约10%，节省站房建设资金约150万元。村级客运站停靠站和村邮站"二站合一"，解决了村无固定客运停靠站、乡镇没有客运站或客运站运营入不敷出、难以维系的问题。同时，增加了人气，叠加出金融、代收代缴、电子商务等七大类便民业务，为村邮站良性运营奠定了基础。

三 取得成效

（一）绘成"惠民便民"全域覆盖网络

穆棱市127个建制村全部实现通硬化路和通客车，建成2个县级分拨中心、8个乡（镇）合作站、18条交邮合作线路、52处村级交邮合作站点，成功打造县、乡、村三级运递网，实现"购物不出村""销售不出村""便民服务不出村""金融服务不出村""寄递服务不出村"，盘活乡村闲置资源，节约建设资金，降低运营成本，为包裹寄递、农村电商业务的发展奠定基础，有效提升了企业服务能力及市场竞争能力。

（二）创新"交邮合作"全新服务模式

交邮合作综合服务站叠加了"邮乐网""龙邮农品""丹江邮品"三个互联网销售平台，整合202种地方特色农产品，月均电商包裹业务量3.4万件。交通运输部门将遍布各村的邮政网点做成旅客候车、乘车的场所，减少了在农村客运基础设施建设和人员开支上的投入，降低了经营成本，同时提供了遮风挡雨和祛暑避寒的候车场所，更加方便了农民出行。通过合作共建的模式，达到了资源整合、优势互补的目的，能够更便捷地服务群众，实现了多方共赢的局面。

（三）扩大"穆棱品牌"经验模式推广

穆棱市本着"试点先行、有序推进"的原则，深入乡镇、村屯，剖析自身优势、劣势，积极寻找契合点，探索"交邮融合、产业联动、资源共享"的农村物流发展新思路，形成了创新服务的"穆棱品牌"，并成功入选交通运输部首批25个农村物流服务品牌。牡丹江市本着"优势互补、资源共享"融合发展理念，发挥试点先行的示范引领效果，召开了穆棱市交邮合作启动现场会，总结经验分享成果，进一步推动穆棱市交邮合作及农村电商相互促进、同步发展、快速见效。

37 江苏省扬中市：
全域公交 + 客货同网协同运行

一 基本情况

扬中市是江苏省辖县级市，位于镇江市东部，总面积为332平方公里，其中陆地面积为228平方公里，下辖4个镇、2个街道、1个省级经济开发区、1个省级高新技术开发区，2021年末户籍人口为27.96万人。近年来，扬中市将城乡交通运输一体化建设作为城乡建设的重要抓手，不断完善基础设施，提升客货运输服务，走出了一条城乡交通建设促进经济社会转型发展的新路径。

二 主要做法

（一）政府高位推动，建立健全工作长效机制

一是将创建工作纳入政府年度考核。 市政府将城乡交通运输一体化工作列入城乡建设重点项目和重点民生改善项目，将创建成员单位的建设任务纳入市政府年度工作绩效考核。年初市政府向各创建成员单位下达年度目标任务书，并在年中召开推进会，年终对完成情况进行考核。

二是建立人大、政协专项评议机制。 为加大对创建工作的民主监督力度，扬中市针对性地建立了人大、政协对城乡交通运输一体化工作的专项评议制度，并多次接受人大、政协专项监督和指导。

三是加强资金保障。 将创建工作涉及的农村公路、客运、农村物流等建设资金纳入市级和乡镇财政预算，并积极争取省级和镇江市级资金支持。

（二）持续高效发展，打造全域公交"五个一"模式

扬中市自2012年在全国较早实现镇村公交建制村覆盖率100%以来，逐步实现城乡居民一次直达到镇区、一次换乘到市区，公交服务实现全市域覆盖，建成具有扬中特色的全域公交"五个一"模式。

"一张图"。紧密结合扬中市地域狭长、城乡融合程度高等特点，突破行政区域边界，着眼于城乡出行一体化的理念规划公交线网和站点布局，重点强化城市公交、城乡公交、镇村公交及其他运输方式的一体化换乘，实现城乡公交线路配置和运营调度"一张图"，促进城乡公交一体化发展。2021年末，城市公交线路已延伸至周边乡镇，实现了市内任意两点间的一次换乘和城区半小时通达。

"一张网"。2019年，扬中市对原有的公交智能系统进行升级改造，具备了公众出行信息服务系统建设、公交智能化提档升级、公交大数据决策分析等功能，同时，升级改造智能公交站台53座，建成交互式电子站牌17座。推广使用了"江州行"App，实现了全市城市公交、城乡公交及镇村公交智能化信息服务。

"一张卡"。扬中市于2015年底率先在江苏省实现城市公交、城乡公交、镇村公交"交通一卡通"全覆盖。为方便城乡居民出行，在刷卡支付的基础上，创建期间新增加了支付宝扫码支付、云闪付支付（开通云闪付功能的银联卡）和App扫码支付等电子支付方式。同时，采用一体化的票制票价，即城市公交执行1元票价、城乡公交执行2元票价、镇村公交执行1元票价。

"一个标准体系"。严格落实江苏省有关城市公共汽电车运营、城乡客运公交化运营、镇村公交运营等服务规范标准的要求，实现城乡公交服务在运营车型、运输规则、导乘标识、服务规范、运价规则等方面的标准化和运营服务规范化。

"一个主体"。早在2012年扬中市完成城乡客运一体化改造之时，就已经实行公司化经营、公交化运营，由一家国有控股的公交公司统一经营全市城市公交、城乡公交和镇村公交线路。

图37-1　城乡公交新能源车辆　　　　　　图37-2　公交电子站牌

（三）坚持创新发展，推进客货邮融合发展

扬中市以资源共享为核心，通过整合交通运输、邮政、电商、商贸等资源，推动城乡物流节点设施和物流服务的共建共享，形成"一中枢、六支点和多终端"的网络体系，实现乡镇农村物流节点覆盖率100%，建制村农村物流服务覆盖率100%，全面实现"村村快递到户"，实现了"人在家中坐，快递到门口"和"不出村里头，产品就运走"，形成了具有扬中特色的农村物流发展模式。

图37-3　扬中新坝镇联新新村菜鸟驿站

一是多站合一。充分利用现有客运站、村邮站等资源，按照多站合一、一点多能的原则进行改造提升，实现资源共享和物流节点的全覆盖。在镇区，对既有

的新坝客运站、八桥客运站等客运站进行改造提升，形成集客运、快递、邮政、电商等功能于一体的综合运输服务场站。在村级，建有42个集快递、电商、超市等功能于一体的菜鸟驿站。依托邮政网络，在全市农村地区建设集邮政包裹、快递服务、便民服务、代购等功能于一体的村邮站162家，农村地区建设公共快递自提点58个、快递智能柜43个。

二是共同配送。由江苏省镇江江天汽运集团有限责任公司扬中分公司牵头，联合"四通一达"、顺丰等扬中市内主要的快递企业成立了扬中市天捷城市配送有限公司，并在城区、新坝客运站、八桥客运站成立了3个分拨中心，负责全市域快递的配送，实现资源共享，提升配送的效率。

三是客货同网。扬中市将公交运行网络和物流配送网有机结合起来，实行客货同网，以城乡配送中心为核心，充分利用城乡公交网络，增设农村交通物流服务功能，有效整合客、货运资源，降低物流运营成本，为城乡居民提供了及时、便捷、低成本的交通运输服务。

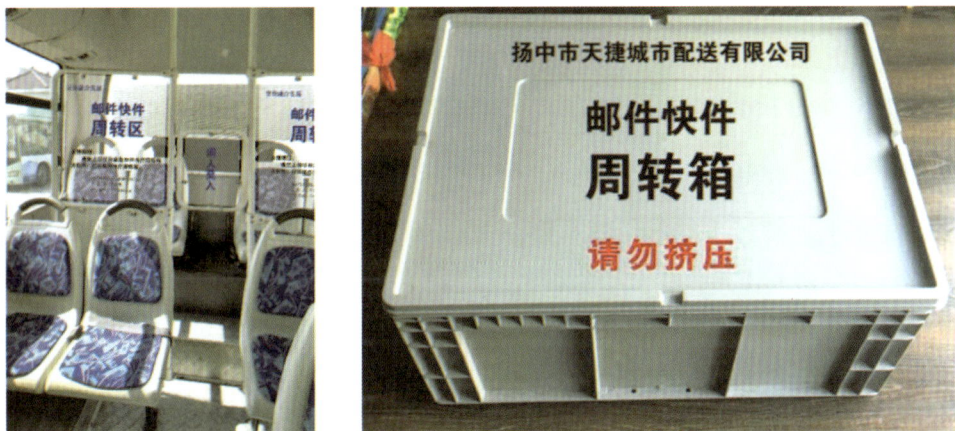

图37-4　客货同网（公交带快递）

四是合作共赢。邮政、电商、商贸等共建村级城乡物流"终端"，打造具备邮政、快递、电商、商超、信息和便民服务"终端"。探索快递超市、物流超市服务模式，通过邮政快递网点与超市网点的结合，实现邮政快递和日用消费品共同配送。探索邮政电商、电商物流服务模式，依托已建成的1个县级电商运营中心、162家村邮站，逐步构建形成了"县级电商运营中心—邮政—村邮站"三级电商运营体系发展模式。

三 取得成效

（一）方便了农村居民出行

示范县创建工作开展以来，扬中市优化调整了303路新坝五一至新宁、318路公交总站至中华村新达标路段等镇村公交线路，解决了沿江偏远群众出行不便的问题，客运实现了"不用东奔西走，抬腿就能走"，货运实现了"人在家中走，快递到门口"，极大方便了城乡居民出行，畅通了城乡物流渠道。同时不断扩大免费、优惠乘车的范围，中小学生、60~69岁老人乘车享受半价优惠；现役军人、伤残军人、70周岁以上的高龄老人、残疾人可免费乘车；对刷卡乘客提供9折优惠，较大程度地降低了城乡居民的日常出行成本。

（二）促进了农村产业融合发展

城乡交通基础设施的建设改善了农村公路通行条件，有效促进了车辆大型化和提升了通行速度，运输车辆直接从城区开到自然村，降低了运输成本。面对扬中市产业消费市场和原材料市场两头在外的发展特色，完善便捷的县、乡、村三级物流体系，满足了农村产业发展集疏散的需求，促进了扬中市农村产业的繁荣，特别是对工程电气产业链做优做强和可持续发展发挥了基础性和先导性作用。

（三）加快了农村物流融合发展

扬中市坚持农村物流与农业融合发展模式，每年大量农产品通过农村公路销往全国各地，河豚、河虾、河蟹、秧草等农产品蜚声遐迩，在省内外市场供不应求；坚持农村物流与电商融合发展模式，有效带动了农村电商的快速发展；坚持农村物流与城乡客运融合发展的模式，城乡交通基础设施的建设改善了农村公路通行条件，有效促进了车辆大型化和提升了车辆的通行速度，运输车辆直接从城区开到田头，降低了运输成本，改变了消费者的生活习惯，有效促进了农业产业融合发展，实现农村物流和城乡客运共享共赢。

（四）助推了交旅融合发展

扬中市全域公交的发展为城乡旅游带来新动力，也带来了旅游消费人群。围绕国家全域旅游示范区创建工作，先后建成数条旅游景区连接线，扬中市政府已连续举办三届乡村文化旅游节，吸引了全国各地的游客到扬中游玩，扬中江馨怡度假村、扬中环太渔乐园、扬中滨江湿地公园和扬中市渡江文化园等旅游景点沿线居民依托交通线路和游客资源，兴办农家乐、民宿等特色服务项目，开拓了新的致富渠道。

38 安徽省广德市：
强化综合利用，推动客货并举

一 基本情况

广德市位于安徽省东南部，皖、苏、浙三省八县（市）交界处，是安徽省唯一与江苏、浙江同时接壤的县，总面积为2165平方公里，辖9个乡镇和3个街道办事处、137个村（社区），2021年末常住人口为51.49万人。广德市委、市政府以"全国城乡交通运输一体化示范县"创建为抓手，推动城乡交通基础设施、客运服务、货运物流服务等全面发展，探索出一条以城乡交通运输一体化为先导，加速乡村振兴建设之路。

二 主要做法

（一）坚持高位谋划，强化规划引领

为充分考虑城乡交通运输一体化发展的需要，与城市总体规划、土地利用总体规划、城镇控制性详细规划相结合，广德市编制了《广德县城乡一体化公共交通专项规划（2016—2030）》《广德县城市公共交通专项规划（2016—2030）》《广德县农村物流三级网络体系规划（2019—2030）》及《广德市乡村道路网规划（2017—2030年）》等，明确了全域公交一体化的三级公共交通网络、农村物流三级网络的衔接分工，科学规划线网布局和站场设置，统筹落实农村公路和公交站点设施"四同步"，优先保障公共交通设施用地，为广德市城乡交通运输一体化发展提供了科学指导。

（二）坚持加大投入，完善基础设施

一是优化路网打基础。广德市累计投入12亿元，完成农村公路新改建工程1020公里，实现较大自然村100%通硬化路目标，全市基本实现"户户通"。持续推进"交通安全村"建设，截至2020年底，建成了17个"交通安全村"；2017年以来，除上级补助外，市政府财政每年投入2000万元专项资金用于农村公路安全提升，累计完成农村公路生命安全防护工程1043公里，完成"五小"工程1800个。

图38-1　公路基础设施建设

二是场站建设多元化。广德市出台了关于落实城乡公交一体化有关建管方式的相关政策，明确城市公交站亭由住房和城乡建设部门建设，换乘枢纽站及首末站由广德市交通投资有限公司建设，乡镇交通综合服务站由乡镇落实用地指标并净地交付，广德市交通投资有限公司负责项目建设。土地出让金由乡镇全额扶持，用于交通综合服务站建设。镇村公交沿途站点及村级首末站由属地乡镇负责建设，市级给予40%的建设补助。自创建城乡交通运输一体化示范县以来，广德市共投资2.5亿元，建设公交站场17处及站亭130个；按照"三站合一"模式，建设集客运、物流仓储、交管功能于一体的乡镇综合服务站8个，实现了交通综合服务站所有乡镇全覆盖，并积极尝试场站综合开发、"以站养站"的建设运营模式。

图38-2　乡镇交通综合服务站

三是财政投入可持续。坚持"政府主导、市场运作、行业监管、服务考核"原则，构建了"政府可负担、百姓可承受、发展可持续"的政府补贴公交服务新机制。城市公交实行成本规制，城乡公交对票价下浮部分及特殊群体免费乘坐公交的费用进行政策性补贴，镇村公交实行审计后兜底补贴，由市镇财政按4:6的比例进行分摊。城市公交和镇村公交车辆购买由政府一次性给予单车价格30%的购车补贴，剩余70%购车款按6年摊销折旧。自示范县创建以来，市级财政每年预算安排2600万元用于购车补贴、政策性亏损补贴及经营性亏损补贴，创建期间累计投入资金1.49亿元。

（三）坚持统筹发展，构建客货网络

一是构建三级城乡公交服务网络。构建城区—乡镇—镇村三级公交网络，推进城市公交服务提质。聘请第三方服务测评机构不定期对公交运行及服务情况进行匿名测评并反馈，测评情况纳入年终考核，将服务质量考核结果与政府补贴相挂钩，激发了企业发展动力。加大公交智能信息化建设运用，在城区主干道已投入64块智能电子站牌，开通了"掌上公交"App，启用移动支付功能，实现了城乡全覆盖。农村客运全部实现公交化运营，实现全域公交化、"一市一公司"以及公车公营。提升城区公交线路覆盖率,填补新城区及开发区部分区域公交线路空白。拓展城乡公交覆盖面,延伸公交线网,开通定制乡镇学生线路,解决学生上下学乘车难问题。同时,落实公交场站用地,城市公交进场率达到100%,农村实现"镇镇有站,村村有亭"。

专栏38-1 广德市接送乡镇中小学生定制公交服务

依托全域一体化的公交服务网络,广德市于2017年至2019年陆续开通了下属9个乡镇的镇村公交,在上下学高峰期间利用广覆盖的镇村公交线路为中小学生提供校车服务。截至2020年底,广德市利用公交车接送学生共计2855名,其中走读生1009名、住校生1846名。

一是制定合理的线路。线路不局限于已定的镇村公交班线,而是根据各学校生源的分布情况,在道路通行条件允许的前提下,在学生上下学高峰时刻,结合镇村公交班线,合理地制定学生接送线路。

二是提供合理的车辆。对具有乘车需求的学生,根据学校上下学、放假返校时间以及学生乘车地点,确定乘车线路后,固定乘坐车辆及驾驶员,保障学生乘车的稳定性、连续性及安全性。

三是制定合理的价格。购置车辆时,政府按照现有城市公交补贴模式补贴给企业;针对学生群体采取优惠票价乘车政策,对学生上下学乘车,采用专门的"学生卡",专人专用;对学生上下学使用的镇村公交采取政府兜底补贴的方式给予企业补贴,本着保本微利的原则,按年运营成本给予企业一定的利润补贴。接送乡镇中小学生定制公交服务实现了农村客运自我造血功能提升与学生安全出行的双赢目标。

二是构建城乡货运物流服务体系。构建覆盖县、乡、村三级的农村物流网络,在村级网点全覆盖的基础上,快递企业依托公交全覆盖的运输网络及高效运转优势,发展"快递坐公交"的客货融合业务,降低了物流成本,实现了快件当天抵达,促进了农村物流降本增效,有效解决了农村物流配送"最后一公里"问题。

专栏38-2 广德市"公交+快递"运营模式

依托现有资源，广德市积极发展农村小件快运，大力推广"快递进村"工程，推行"公交+快递"运营模式，以市场为主体、以小件快运为切入点、以客货同网来发展农村物流。利用广德市公交三级网络全覆盖的优势，按照"县级中转、乡镇级分拨、村级配送"的原则，采用市到镇由厢式货车运输、镇到村由镇村公交运输的方式，创新快递"坐"公交模式。以乡镇交通综合服务站为乡镇物流服务节点，有效利用镇村公交，将小件快运派送至村级物流服务点，打通农村物流"最后一公里"。2020年公交公司与多家快递企业达成合作协议并开始部分承运，涉及柏垫、杨滩等六个乡镇，日均运输小件快递3000余件。"公交+快递"运营模式畅通了物流运输网络，降低了物流成本，提高了运输效率，提升了服务水平和运输时效，实现了多方互利共赢。

三 取得成效

（一）"四好农村路"带动旅游发展

通过城乡交通运输一体化示范县工程创建，广德市完善了城乡交通基础设施，百公里"竹乡画廊"以美丽公路加农产品加工、农业风光、田园特色等模式，将精品旅游资源串点连线，形成极具广德特色的诗画江南风景线，"山水竹乡·品味广德"旅游品牌进一步打响。广德市先后获评中国最美文化旅游名城、最佳高速铁路旅游目的地，推动了一批"薄弱村"向"经济强"的跨越。截至2020年底，广德市全面消除集体经济薄弱村，年营收50万元以上的经济强村达到24个，共建成美丽乡村107个，其中省级美丽乡村56个，乡村振兴考核评定为全省优秀。

（二）城乡公交网便利百姓出行

三级城乡公交网络的建立提升了市域范围内公交线路覆盖率，填补了新城区、开发区、乡镇、农村等区域的公交线路空白，解决了群众尤其是农村群众的出行"最后一公里"问题，提供了普遍均等的普惠出行服务，极大满足了城乡居民"行有所乘"的需求。同时，广德市撤乡并镇、农村学校合并后，学生上下学机动化出行需求提升，各乡镇开通了公交特色学生线路，为学生提供了"定制线路+定制车辆+定制价格"的"三定制"出行服务，有效解决了部分学生上下学乘车难的问题，消除了学生乘车安全隐患。

（三）县乡村节点支撑产业兴旺

积极拓展场站功能，依托高速铁路车站建设旅游集散中心，依托公交枢纽站拓展货运物流功能，依托乡镇交通综合服务站开展邮政快递等业务，实现了具备管理、综合服务、客运、货运、邮政、快递等三种以上功能的运输站场设施的比例达到100%。利用公交三级网络全覆盖的优势，按照"县级中转、乡镇级分拨、村级配送"的原则，在各级公交场站设置快递分拣、中转区域，采用市到镇由厢式货车运输、镇到村由镇村公交运输的方式，畅通农村快递送件发件服务渠道。广德市具备条件的乡镇快递服务网点覆盖率达到100%，有效保障了工业品下行和农产品上行。

39 江西省德兴市：
跨业融合探索交通运输助力脱贫致富

一 基本情况

德兴市位于赣、浙、皖三省交界处，地处江西省东北部，上饶市北部，全市总面积为2079.4平方公里，下辖16个乡镇和街道、77个建制村，2021年末常住人口为33.32万人。近年来，德兴市委、市政府把发展交通运输城乡一体化作为方便群众、振兴乡村的重要民生工程，不断完善城乡交通基础设施，提升客货运输服务，走出了一条城乡交通建设促进经济转型发展的新路径。

二 主要做法

（一）改革创新，推动镇村公交标准化

德兴市委、市政府大力推动镇村公交发展工作，致力于打造可推广、可复制的全省一流镇村公交品牌。在城市公交实行政府投入并完全国有化的基础上，由上饶汽运集团有限公司先期全资投入，组建上饶汽运集团德兴镇村公交客运有限公司，对德兴市的镇村公交进行统一经营、统一管理，以政府购买服务模式进行运营补贴。

按照"出行便捷、经营规范、服务优质、安全可靠、保障有力"的镇村公交发展思想，和"五定四统一"（定线路、定班次、定时间、定票价、定站点，统一排班、统一调度、统一管理、统一结算）的服务标准，在原农村班线线路、班次、发车时间、停靠站点的基础上进行了适当调整，全面整合全市35条农村客运班线，并加密乡镇政府所在地至城区的班次；对村庄比较密集的乡镇实行村到

村循环发班；根据各线路居住情况及乘车习惯，设置镇村公交站点374个（其中利用原农村候车亭118个），安装站牌496块，在每块站牌上公布了班次信息。在线路重叠路段，农村客运与城市公交共用站点24个，极大方便了旅客出行。2020年，德兴市镇村公交乡镇通达率达100%，建制村通达率达100%，具备通行条件的建制村已经全部开通镇村公交，农村居民出行条件得到极大改善，较好地满足了广大人民群众特别是农村百姓的基本出行需求。

（二）搭建体系，完善农村物流网络

为加快推进农村物流市、乡、村三级网络节点体系建设，提升农村物流水平，制定农村物流网络节点体系建设实施方案，提出了"初步形成以公路货运站场、邮政公司、供销合作社和物流企业联盟为主体，以快递企业为补充，以各种运输为支撑，以城乡配送网络为基础"的发展目标。为推动目标实现，德兴市从构建三级农村物流网络节点体系、加大农村物流公共信息平台建设等方面明确了主要任务，制定了打造物流商贸中心、孵化基地电商及农村淘宝、改造农村物流服务点等重点建设项目。

（三）整合资源、促进跨业深度融合

在德兴市政府的引导下，各快递企业成立了德兴市快递行业协会，实现了各快递网点的统一收寄，并且依托镇村公交的网络优势，开通了城市网点与乡镇的快递网点间的小件捎带业务，实现了乡镇的全覆盖，为快递企业节约了生产成本，也为镇村公交增加了盈利点，达到了双赢的目的。在交旅融合方面，依托镇村公交站点的网络优势，在大集镇和高速铁路车站，设立宣传德兴旅游文化和特色农副产品展销网点。开通了服务特色农副产品集散地和特色旅游小镇的镇村公交定制专线，带火了"乡村游""农家乐"。

图39-1 客货融合发展

（四）出台政策，持续强化创建保障

为有效支撑城乡交通运输一体化示范县创建工作的有序推进，以方便群众出行为导向，以降低人民出行成本、提高人民群众满意度为目标，在示范县创建期内先后出台了"四好农村路"建设实施方案、农村公路畅通工程实施方案、镇村公交发展实施方案等。

三 取得成效

（一）农村公路提质，支撑了乡村振兴战略实施

德兴市将农村公路建设作为推动乡村振兴的重要抓手，建立"政府负责、交通承办、部门配合、社会支持、群众参与"的工作机制，全方位推进农村公路高质量建设。按照县道达到三级公路及以上标准、乡道为双车道的要求高标准规划建设农村公路。在示范县创建期间，德兴市投资4.17亿元用于59.3公里县道升级改造、112.6公里乡道双车道改造和22座农村公路危桥改造。同时，德兴市加快旅游路、资源路、产业路建设，投资4.33亿元高标准建设德兴站、德兴东站两个火车站连接线公路，以及三清快道和大茅山旅游公路，有效带动了公路沿线旅游发展、产业兴旺，为实施乡村振兴战略提供了基础支撑。

（二）出行服务提质，提升了城乡群众的获得感幸福感

为让全市广大群众共享改革发展成果，德兴市针对镇村公交发展实行了一系列举措，使70周岁以上老人和残疾人、现役军人、离休干部、1.2米以下儿童可免费乘车，并在原有票价基础上降价30%以上。按照"兜底补偿、保有微利"的原则，由市财政对德兴镇村公交具体运营中产生的政策性亏损和经营性亏损实行补贴，有效保障了镇村公交的可持续运营，方便了群众的出行。加强客运安全监管，2018年和2019年连续两年公交车万车交通事故死亡率保持为零，极大地增加了全市人民群众的安全感、幸福感。

图39-2　镇村公交线路

（三）物流服务提质，促进了乡村振兴战略实施

德兴市通过编制出台农村物流三级网络体系发展规划和建设方案，加大政策资金扶持，形成了县、乡、村物流节点齐头并进的良好格局，农村双向物流效益凸显，产业带动功能日益增强。如新岗山镇体泉淘宝村吸引了628家淘宝店铺，带动了全村1100余人、33名贫困户从事电商行业，2018年网上成交额高达1.863亿元，营销额在江西省淘宝村中排名第一，成为名副其实的"江西第一淘宝村"，为全面实施乡村振兴战略提供了有力的产业支撑。

40 山东省荣成市：多元化"交通+"，助推区域经济新发展

（一）基本情况

荣成市地处山东半岛最东端，三面环海，海岸线长487公里，下辖3个区、12个镇、10个街道、778个建制村、55个社区，陆地面积为1526平方公里，2021年末户籍人口为64.7万人。近年来，荣成市以创建城乡交通运输一体化示范县、"四好农村路"全国示范县为契机，加速推动城乡一体、国内通达、联通海外的"三大交通圈"立体互联，助力荣成市成为中国县域经济百强县、中国海洋渔业第一大县和中国海洋食品名城，并入选2020年度中国全面小康百佳示范县市。

（二）主要做法

（一）构建"交通+精致城市"模式

荣成市深入贯彻"精致交通"发展理念，做到精当规划、精美设计、精心建设、精细管理、精准服务，结合"四好农村路"建设，实施市、镇街、村庄全域统筹、一体联动机制，在"建得标致、管得精致、护得极致、运得优致"上大胆创新突破，打造出"四好农村路"建设与精致城市互融、区域快速通达与乡村振兴同频的样板。自2018年以来，荣成市实施农村公路"三年集中攻坚"专项行动和"四好农村路"提质增效专项行动，累计投资近7亿元，改造农村公路470公里、改造危桥20座、建设客运站点656个，实施生命安全防护工程450公里，形成了"六横四纵一环"交通布局，全市农村公路通车总里程达1438公里，经县乡公路技术状况评定，优良路率达到88.24%，三级及以上农村公路占比为87.82%，建制村硬化路率、硬化道路养护率、公路安全生命防护设施覆盖率、户户通率均达100%。

（二）构建"交通+特色产业"模式

荣成市把交通动能注入全市蓝色海洋产业和绿色生态资源中，以交通为引擎，服务特色产业发展。

一是服务绿色生态产业建设。 在示范县创建期间，荣成市投资4000多万元，对全市100多公里的多个农业综合示范区、田园综合体、农业样板片区进行专项公路建设和全面改造提升，打造20多条直达采摘园的苹果、无花果、草莓等兴农富民"快车道"。

二是服务海上粮仓建设。 荣成市建设了34条直通海岸线的耕海牧渔"绿色通道"，推动了国家高标准藻类、贝类、鱼类种苗繁育与养殖基地的壮大，支撑荣成市发展成国家级海洋经济发展示范区。

三是服务现代园区建设。 为全市3个区、10多个镇街连接了通往工业园、海洋生物科技示范园、海洋工程与装备制造产业园、现代冷链物流产业园、高新技术产业园、核电配套产业园等几十多家大型园区的进园路，支撑荣成市工业主产业发展。2020年，在新冠疫情的影响下，全市规模以上工业企业仍实现营业收入518.9亿元。

（三）构建"交通+全域旅游"模式

结合荣成市创建全国文明城市和全国全域旅游示范区建设，推出"全域旅游+全域公交"客运模式，促进旅游资源与交通资源的合理配置。

一是加快客运基础设施建设。 在示范县创建期间，荣成市建成城乡公交场站11处，完成2000多个农村客运站点公交站亭改造。截至2021年底，荣成市已开通公交线路105条，设立公交站点2784个，投入公交车466辆，线路总长2756.7公里，日客运量近10万人次，实现了县域范围内建制村公共交通全覆盖。

二是致力打造全域旅游景观路。 在公路建设中，注入"以路串景"新元素，改建了"千里山海自驾游旅游公路、红色旅游公路、精品乡村旅游公路"等一批旅游主题公路，用几十条旅游景观路，将滨海沿线旅游景区、星级宾馆、国家级海洋牧场、"红色印迹"点，以及50多个景区村庄和120多个精品民宿串联整合起来，形成"以景引路，以路为景"的互联互通旅游交通环线。

三是发展海上观光旅游。近年来，荣成市全力为沿海和内陆村庄发展旅游提供高质量海上交通"公路"。截至2021年底，全市拥有旅游客船16艘，857客位，形成了"三个环岛四个支线"共7条海上旅游观光航线。

四是推广优先低碳出行。在示范县创建期间，荣成市投资730万元在大型超市、交通枢纽等地点建设充电站11处，建成公共自行车租赁点72个，投入公共自行车1203辆，打造了极具地域特色集"绿道+滨海小径+国家健身步道"于一体的慢行系统。

（四）构建"交通+现代物流"模式

荣成市大力实施"互联网+农村物流+国际物流"发展模式，努力把交通运输末梢打造成对日韩贸易的"桥头堡"、辐射胶东半岛的新型物流节点。

一是把农村物流纳入现代"大物流"。将全市农村物流作为现代物流业最基础的环节做大做强。在县、乡、村三级建成12个集管理、客运、货运、快递等功能于一体的乡镇综合场站，5处自发性货源集散地，6处集海洋生物制品精深加工与冷链物流基地。与供销部门联合，依托农村社区服务中心设立了农资超市，与农村物流分拨中心实行无缝对接，构建起"交通引导、部门协同、公司运作、网络运营"的农村物流模式。截至2020年底，全市11128家网络零售店铺和网络零售企业，年实现网络零售额13.9亿元，同比增长13.7%，荣成市获评全国电子商务进农村综合示范县（市）。

二是加快农村物流国际化步伐。充分利用荣成市的地理位置优势和海上航运网，将农村物流与港口物流、国际物流续连对接，建立起直接面向国际、直接通达港口的农村物流"国际通道"。截至2021年底，荣成市港口拥有国际、国内集装箱班轮航线7条，开通至韩国平泽、仁川等国际客货班轮航线3条，对日、对韩集装箱班轮运输航线3条。

三是推动农村客货邮深度融合。依托全市农村公路良好基础，统筹利用交通运输、农业、商务、供销、邮政等资源，2021年荣成市政府制定了农村客货邮融合发展推进工作实施方案，实行农村客货邮融合发展，打通快递进村"最后一公里", 建成镇级客货邮综合服务站2处, 开通客货邮融合专线2条, 被山东省交通运输厅、山东省邮政管理局确定为"农村客货邮融合发展样板县"。

图40-1　荣成"邮政+合作社"营销模式

（五）构建"交通+信用建设"模式

荣成市以打造"信用荣成"为目标，启动实施信用体系建设，交通运输行业是全市最早推广信用体系建设的重点行业之一，在全省较早建立了以政务诚信、企业诚信、行业诚信为内容的"三位一体"交通运输信用体系，将交通行业诚信与社会诚信深度融合，先后在出租行业开展了"诚信的士、你我共建"，在公交行业开展了"情深巴士、信用引领"，在机动车驾驶培训行业开展了"先锋引领、共铸诚信"等信用进企业、进机关活动，信用结果进入市级"政务信用评级"平台。通过信用等级评定，交通运输行业投诉率直线下降，涌现出一大批诚信典型。鼓励行业开展信用激励进万家活动，推出多样化信用激励产品，对信用等级A+以上的个人给予优惠，从而扩大影响，让"信易行"助力社会诚信。

三　取得成效

（一）城乡交通基础设施不断完善

荣成市作为全国首批国家级"四好农村路"示范县，农村公路技术状况评定优、良、中级路率由2016年的79%增长到2021年的90.1%，10个镇街及816个建制村道硬化路率为100%。示范县创建以来，荣成市城市建成区道路网总里程达398公里，城市建成区路网密度、道路面积率达标率分别提高21.6%、63.1%。高质量的公路环境为荣成打开了中国对日韩的外贸陆海通道，2021年，全市外贸出口达到258.7亿元。"修一段公路就能给群众打开一扇脱贫致富的大门"。2020年，全市农村居民人均可支配收入为25463元，增长5.1%。荣成市入选"2020年度中国全面小康百佳示范县市"。

（二）城乡客运服务水平显著提升

围绕城乡公共交通优先发展，完成了公交公司国有化、车辆集约化、运营公交化"三步走"，在示范县创建期内，荣成市公交线路条数由92条增加为105条，城乡道路客运车辆公交化率维持在100%，城市建成区公交站点500米覆盖率提高了3个百分点。实现了县域范围内建制村公共交通覆盖率100%，公交线网密度为2.06公里/平方公里，实现了城镇1小时生活圈的目标，从根本上解决了农村群众"乘车难、出行难"的问题，彰显出"群众得实惠、政府得民心、行业得形象、企业得发展"的社会效益。

（三）城乡交通旅游融合深入推进

通过干线建设、路网改造、港口改建、城乡公交一体化等措施，建成海上"三环四支"观光旅游线路；建设城区、城镇、镇村连接畅通，功能清晰、布局合理的一体化新型城乡公交网络；开通城铁站至各大景区直达观光客车和"采风游""登山游""采摘游"等旅游公交专线，带动"农家乐""乡村游"蓬勃发展。2020年，全市实现旅游综合收入180多亿元，被文化和旅游部认定为第二批国家全域旅游示范区。

（四）城乡电子商务产业蓬勃发展

随着建制村农村物流服务覆盖率、运输站场综合利用率、乡镇农村物流节点覆盖率均达到100%，荣成市电子商务服务体系得到快速发展，被山东省商务厅认定为"山东省电子商务示范县"。2019年，被评为"国家电子商务进农村综合示范县"。

41 湖北省竹山县：
客货邮融合发展，探索致富新实践

一　基本情况

　　竹山县位于湖北省西北秦巴山区腹地，总面积为3586平方公里，山地占总面积的80%以上，下辖9个镇、8个乡、244个建制村（含13个社区），2021年末户籍人口为44.66万人，有汉、回、壮、蒙、满等8个民族。近年来，竹山县委、县政府将城乡交通运输一体化建设作为城乡建设重要抓手，不断完善基础设施建设，提升客货运运输服务水平，走出了一条城乡交通促进转型发展的新路径。

二　主要做法

（一）三个到位，"干"字为要抓保障

　　一是组织保障到位。成立领导小组，建立项目建设联席会议制度，常态化专题研究城乡交通运输一体化建设工作。

　　二是规划保障到位。按照"通盘谋划、先急后缓、分步实施"的原则，结合脱贫攻坚、乡村振兴、美丽乡村建设等发展重点，相继出台了城乡交通运输一体化系列文件，明确了部门职责和工作目标，确保了城乡交通运输一体化创建工作有制可依、有规可守、有序可循。

　　三是资金保障到位。用好、用活省级财政资金，加大涉农资金的整合力度，拓宽项目建设多元投入渠道，实现项目建设资金投入制度化、常态化。

（二）三个结合，"实"字为基抓建设

一是结合通村公路抓建设。 扎实开展贫困村交通基础设施改造提升，在实现"村道全覆盖、村村通水泥路"的基础上，加快20户以上的自然村通水泥路建设。以全县7个撤并乡镇、196个撤并村、61个省定重点贫困村和10个深度贫困村为重点，完成二级公路建设85公里，改造县道152公里，建设"四好农村路"示范路800公里；同时做到全县428个集中安置点建到哪里，公路就通到哪里，服务就送到哪里。

二是结合产业发展抓建设。 坚持"公路围着产业建、产业围着公路转"的理念，遵循"四好农村路"示范县创建标准，注重将农村公路规划布局融入产业发展、基地建设、田园综合体打造等进行综合考虑，进一步放大产业带动作用，增强乡村与城市之间的联系度，助推乡村产业发展。近年来，围绕茶叶、药材、食用菌等扶贫主导产业，建成农村产业公路500公里，一批种养基地、产业园区依托产业公路迅速发展，实现了"修好一条公路、拉动一片产业、致富一方群众"。

三是结合乡村旅游抓建设。 按照"路就是景、美丽农村路就是旅游产品"的思路，把农村道路建设与农家生态、田园风光、传统山村等自然景观相结合，促使农村公路多层次、全方位、高质量服务支撑乡村旅游资源开发。近几年，新改建文峰乡太和梅花谷、麻家渡镇总兵安等景区公路100公里、绿化观景平台300处，打造了一批精品自驾游路线，建成了一批县乡道生态景观廊道，带动了一批美丽乡村建设，助推县域旅游产业发展。

（三）三个强化，"严"字为尺抓管理

一是强化机制建设。 建立"政府负责、部门执法、群众参与、综合治理"的网格化管理体系，形成"县有路政员、乡有监管员、村有护路员"专群结合的管理模式，推行村规民约制、路长制、地边屋边责任制、"十星"评选挂钩制、路旁植树受益制等多项农村公路管理制度。

二是强化巡察检查。 成立竹山县农村公路路政执法大队，严格按照"简政放权、创新管理、服务发展、依法行政"基本原则，不断加强公路法律法规宣传

力度，加大路面定期、不定期巡查力度，严防公路病害、挤占公路等问题的发生，严肃查处侵占、损坏公路的违法违规案件和公路"三乱"，依法维护路产路权。

三是强化监督考核。明确县道、乡道、村道养护管理责任主体，建立农村公路养护管理考核机制，实行月检季查，年终考评，将考核结果计入乡镇年度绩效目标总分，推动养护管理工作全面落实到位。农村公路养护管理责任到人，全面公示，接受社会监督。

（四）三个完善，"畅"字为本抓养护

一是完善责任体系。按照"建养并重、养护为先"的发展思路，建立和完善了"县、乡、村"三级养护管理体制，形成县、乡、村、组、户"五位一体"养护体系。每年县政府与乡镇政府签订养护管理目标责任状，季度抽查、半年检查、年度考核。乡镇与村、村与养路员签订养护承包协议，定人员、定里程、定标准、定质量、定奖罚，确保公路养护目标落到实处。

二是完善激励机制。对养护人员的公路管护实行绩效兑现，分优、良、中、次、差五个档次，分别按标准日常养护工资的120%、100%、80%、60%、40%兑现日常养护费，每年评选出3个优秀乡镇、10个优秀村、20个优秀养护员进行奖励。

三是完善养护模式。探索市场化养护方式，通过政府购买服务对部分农村公路予以养护。2018年完成县乡道社会化养护招标工作，管养里程为1774.5公里，确保了养护质量，大大降低了养护成本。

（五）三张网络，"优"字为上抓运营

一是编织农村客运网。加快补齐农村交通短板、缩小城乡差距，以站场为枢纽、客运体系为纽带，完善农村公路客运网络。截至2021年底，全县有二级客运站2个、三级客运站4个、五级客运站17个，候车亭及招呼站308个，开通农村客运班线142条，拥有农村客运车辆153辆，实现了全部乡镇和建制村的客车通达率达100%。

二是完善改造农村公交网。 为更好地满足农村群众的出行需求，积极推动农村交通公交化改造。坚持应急管理、公安、交通运输等多部门的联审验收制度，以安全、高效、便民为标准，在示范县创建期内开通城市公交线路18条，辐射10个乡镇167个建制村，受益群众达36万余人。强化安全监管，确保提高农村公交行车安全和精准化运营，实现农村客运与城市公交系统无缝衔接，并且票价实现城乡同步减免票制，为群众换乘、转乘提供便捷服务。

图41-1　竹山县城乡公交

三是延展农村物流网。 按照"构建大网络、搭建大平台、促进物流大发展"的思路，建立了县、乡、村三级物流体系。在示范县创建期内，竹山县投资1.03亿元建设占地129亩的竹山县物流中心，实现了"货物仓储+集散+配送+快递分拣+信息发布+电子商务"的有效衔接。充分利用客运站场资源，搭建乡镇物流节点，建成农村交通运输综合服务站17个，按照"多点合一"模式，发挥"上联县城，下通农村"的物流节点中转功能。开展"交邮共建"，布局农村物流"最后一公里"网络，建设村级物流配送点244个，打通村级物流网点，实现城乡物流服务网络与干线物流网络无缝融合，有效解决了网购不能到村、农产品无法进城的状况。通过客运、物流、电商及快递的融合发展，基本打通了网货下乡和农产品进城的双向流通渠道，便利的交通物流为农村电商发展、农民创业致富提供了强有力的支撑。

专栏41-1 竹山县农村物流服务体系构建

竹山县深化"客运+货运两网合一""交通运输+邮政快递融合""电子商务+农村物流"等融合发展模式，强化多业态融合发展，扩大农村物流服务覆盖范围，实现区域农村物流服务网络与干线物流网络的有效衔接，构建竹山县农村物流服务体系。

（1）"客运+货运两网合一"模式。湖北省十堰亨运集团物流有限公司（简称"亨运物流"）充分利用湖北省十堰亨运集团竹山有限责任公司的优势（拥有遍及全县17个乡镇的农村客运站点、农村客运班线142条、通村客运车辆153辆）及湖北省十堰亨运集团竹山县城市公交客运有限责任公司的优势（拥有竹山县城市公交线路18条，公交车61辆），进一步深化"客运+货运两网合一"服务模式，小件及限时货物通过湖北省十堰亨运集团客运有限公司客运车辆及村村通车辆送至乡镇、村交通物流综合服务站点；整车及大件货物通过湖北省十堰亨运集团物流有限公司货运班车直接送达乡镇、村交通物流综合服务站点，同时将各站点返程货物运输至竹山电商三级配送运营中心进行区域配送和跨省运输，确保小件、限时货物及整车货物的时效性和安全性。

（2）"交通运输+邮政快递融合"模式。亨运物流现已整合了竹山县邮政、中通、圆通、中通、韵达、百世汇通、天天快递等企业，所有货物均在亨运物流竹山电商三级配送运营中心实行集中化、统一化管理，进行统一入仓、统一安检、统一分拣、统一配送、统一运价服务，实行"交通运输+邮政快递"深度融合、资源整合、信息共享，提高了车辆实载率、运输效率和配送时效，降低了运输成本，增加了运输收入，有效解决了农村物流"最后一公里"和"最初一公里"的难题。

（3）"电子商务+农村物流"模式。利用湖北省十堰亨运集团物流有限公司十堰区域城乡物流配送一体化服务体系，通过"电子商务+农村物流"服务模式，湖北省十堰亨运集团物流有限公司在竹山县建设了10家"左邻右舍"便民服务站，集电子商务货物受理、仓储、快递代收代配、再生资源回收、农资、农产品代购、代销和配送等功能于一体，利用"精斗云系统"，上接生产厂家、大型农贸市场、商超，整合代理商、经销商、品牌商货品资源进入统仓统配服务中心，通过线上订单管理系统、仓储管理系统、物流管理系统及线下专业物流团队的运作，为经销商提供统一的仓储、配送、管理、运维及物流一体化的互联网供应链服务；下联农村合作社、农产品基地、电商服务站点、乡村小卖铺，进行产业深入合作、融合发展，进一步延伸物流服务功能，实行跨界融合、资源整合，促进物流、商流、信息流、资金流多流合一，实现"以商养运、以运促贸"的农村供应链一体化发展，以此推动实施国家乡村振兴战略、推进脱贫攻坚，促进竹山县的经济发展。

三 取得成效

（一）城乡基础路网建设快速发展

通过实施城乡交通运输一体化的创建工程，竹山县基础路网建设取得了快速的进展，道路等级和里程均大幅提升。全县公路总里程达5194公里，其中国道243公里、省道300公里、县道438公里、乡道1398公里、通村公路2815公里。全县7个乡通一级公路，10个乡镇通二级公路。基本形成以高速公路为支撑、以干线公路为骨干、以农村公路为脉络，四通八达、快捷便利、路运并举、服务优良的交通网络体系。

（二）城乡百姓出行更加方便

近年来，竹山县大力推进城乡客货运输发展，公司化经营的农村客运不断提升车辆等次和服务质量，城市乡村标识统一、管理规范、服务优质的农村客运车辆，随时为群众提供便捷的出行服务。以县城为中心，公交化运营的城乡公交辐射10个乡镇、167个建制村，受益百姓达36万人；以乡镇为节点的农村客运覆盖全县244个建制村，为全县47万人民提供便利出行。四通八达的城乡客运网以安全优质的服务、经济实惠的票价、规范智能化的管理，大大提升了城乡百姓出行的便捷度。

（三）客货邮融合发展成效显著

竹山县电商三级配送运营中心作为农村物流配送的聚集点，整合物流、邮政快递、电商、商贸、农业、供销、银行等资源，使快递、物流服务覆盖全县17个乡镇、244个建制村，覆盖面积达3586平方公里。围绕"创新、绿色、安全、高效、融合、共赢"发展理念，通过"客运+货运两网合一""交通运输+邮政快递融合""电子商务+农村物流""物流+金融"等融合发展模式，加强多业态融合发展，激发企业活力，优化资源配置，降低物流成本，提高运行效率，推进农村物流高质量发展，形成了集约、高效、绿色、智能的县、乡、村三级农村物流配送服务体系，为竹山县乡村振兴、精准脱贫起到了积极的推动作用。

42 海南省东方市：
聚力城乡一体化，构建全新服务体系

（一）基本情况

东方市地处海南省西南部，陆地面积为2272平方公里，海域面积为1823平方公里，海岸线长134公里，下辖10个乡镇、195个村（居）委会，2021年末常住人口为44.98万人，城镇化率58.3%。近年来，东方市委、市政府高度重视城乡交通运输一体化建设工作，组织实施农村公路"六大工程"，不断完善交通基础设施，持续提升城乡客货运输服务水平，逐步构建集约化、规模化、城乡一体的运输网络服务体系。

（二）主要做法

（一）夯实基础载体，完善交通基础设施建设

东方市通过开展交通扶贫"六大工程"，即：自然村通硬化路工程、窄路面拓宽工程、生命安全防护工程、新建桥梁及危桥改造工程、旅游资源路工程和县道改造工程，优化调整路网，推进基础设施建设。在示范县创建期间，结合实际需求，不断优化调整"六大工程"项目库项目，完成了281个子项目建设任务，其中，自然村通硬化路、窄路面拓宽、生命安全防护、县道改造等四大项工程均已完成建设任务。

（二）强化整合提升，城乡客运改革稳步推进

一是完善城乡客运政策。采用公交特许经营方式开展城乡公交客运一体化改

革工作，采用服务质量招投标的方式选择新的经营主体，全面负责城乡公交客运主体整合、场站建设、车辆购置、线路开通以及智能公交系统建设等工作。政府采用"用户付费+政府可行性缺口补助"模式购买项目公司提供的公交特许经营服务。政府承担16年运营期内项目公司的服务质量考核付费，付费金额包括项目资本金回报、融资成本回报、运营补助（含政策性亏损补助）、超额收入回报四大方面，所有补助资金均需结合服务质量考核结果按比例发放，年均支出4100万元。

图42-1　城乡公交客运服务一体化项目投入运营

二是构建城乡客运网络。 东方市通过招投标方式，确定东方海汽运输有限公司为城乡客运经营主体，全面优化城乡客运服务网络。2020年，全市开通22条公交线路，投放175辆公交车，其中城乡公交线路12条，城乡公交车辆76辆，平均日发班次达2346班，票价平均下浮40%，建制村通客车率达100%。

三是开展智慧公交系统建设。 东方市投资1113万元建设智慧公交系统，建设了交通运输全行业数据资源中心、交通运行一体化监管与行业决策中心和公交运营调度中心3个中心，以及公交企业运营调度平台、公交信息服务平台和交通行业监管与决策支持平台3大平台，搭建数据采集发布网和数据传输通信网2张网络，及包括操作系统、数据库管理、地理信息系统（GIS）软件、视频管理软件等在内的1套支撑系统。

四是优化城乡客运服务。 近年来，东方市不断加快推进农村候车亭建设，截至2021年底，已建成60个农村客运候车亭，剩余农村客运候车亭建设指标正在有序推进中。同时，不断调整优化公交线路，新增6条线路，扩大公交服务区域，提高服务质量。

五是强化安全运营。公交车均已安装动态监控设备，实行24小时不间断动态监管。企业对城乡客运车辆运行情况及车身条件进行定期检查，行业主管部门在视频监控的基础上，不定期开展实地检查，掌握公交安全运行情况。同时加大对城乡客运投诉的处理力度，确保交通运输一体化体系安全运行。示范县创建工作开展以来，东方市城乡道路客运车辆未发生交通责任事故。

（三）加强规划引导，统筹推进农村物流网络建设

一是强化规划引领。东方市编制了物流产业发展规划，按照"资源共享、多站合一、功能集约、便利高效"的原则和"县级中转、乡镇级分拨、村级配送"的原则定位，统筹规划，优化节点空间布局，明确东方市物流产业和农村物流节点建设的主要任务和推进物流节点建设的措施。

二是推进融合发展。作为海南省客货邮融合发展的试点市县，东方市交通运输局与中国邮政集团有限公司海南省分公司、海南海汽运输集团股份有限公司签订战略合作协议，推进"交邮联运"工作，在海南省率先实现邮政快递搭乘公交进村。以天安乡为试点，利用海汽镇村公交车代运天安乡赤好村、光益村等10个建制村邮件，实现了天安乡全部建制村邮政快递进村，为村民提供了极大便利，确保村民不用出村即可领取快递。此外，还将天安乡各建制村投递频次由每周三班增加至每周五班，党报、党刊及邮件投递时效得以提升。

三 取得成效

（一）路网优化升级，公路通行能力提高

截至2021年底，东方市城区路网建成长度约232.47公里，城区建成道路面积为411.66万平方米，路网密度达8.16公里/平方公里。农村公路总里程为1171.29公里，现已全部列养。其中，四级及以上等级公路里程为1161.734公里，等级路率达99.2%，优良中等路率达82.5%。应设置安防设施路段共1248处，已经设置

1186处，设置率达95%。桥梁有158座，其中危桥6座，已改造3座，危桥比例占0.02%。公路通行能力大幅提升，为城乡交通运输一体化打下坚实的基础。

（二）运力投放增加，城乡融合程度提升

东方市开通23条公交线路，覆盖全市所有建制村，建制村通客车率达100%，自然村通车率达90%以上，城乡道路客运车辆公交化率达到100%，中心城区公交站点500米覆盖率达到100%，切实打通群众出行"最后一公里"。实行公交票价后，票价平均下浮40%，大幅降低了群众出行成本，切实将惠民政策落到实处。

（三）资源优化整合，构建全新服务体系

东方市的"交邮合作"模式有效推动了交通运输与邮政快递在农村地区的融合发展，架起了农产品出村进城、消费品下乡进村的桥梁，有效解决了农村快递投递"最后一公里"难题。依托示范县创建工作，东方市城乡配送体系逐步完善，形成了以批发市场、连锁超市、乡村货运站和村邮站为物流节点，覆盖城镇和农村的现代物流网络格局，为助力乡村振兴、服务地方经济、促进农民增收致富提供了更加坚实的运输服务保障。

43 贵州省湄潭县：
提升交通服务能力，助推乡村振兴开新局

一 基本情况

湄潭县位于贵州省北部，遵义市东部，总面积为1865.54平方公里，下辖12个镇、3个街道办事处、133个村（居），2020年末常住人口为37.29万人。近年来，湄潭县将城乡交通运输一体化示范县创建工作作为"十三五"期间的重点工作和城乡建设的重要抓手，合理布局城乡交通运输网络，优化基础设施衔接，逐步形成了城乡路网布局合理、客货运输服务质量提升、人民满意的城乡交通一体化体系。

二 主要做法

（一）补齐短板，推动基础设施建设

湄潭县始终坚持"要想富，先修路、公路通，百业兴""人在哪里、产业在哪里，农村公路就修到哪里，客车就通到哪里"的思路，高度重视公路网及客运网建设。新建直通余庆、石阡、遵义机场的高速公路，改扩建G243、S102、S205等国省干道，升级改造县乡公路，形成了湄潭公路网的主骨架；加大农村公路建设步伐，实现了农村公路组组通硬化路的目标。在示范县创建期间，修建硬化农村公路总里程近1700公里，完成人居环境改造公路、建制村通油路工程、通组公路和旅游公路工程等项目，打通了群众通行的"最后一公里"，让老百姓的出行需求从通达向通畅转变；实施农村公路危桥改造和安全生命防护工程，危桥和隐患库全部"清零"，治理车辆出行的安全隐患；开展县级和乡镇客运站建

设，形成了完善的客运站场体系。

图43-1　农村公路建设成果

（二）改革创新，打开城乡客运发展新局

在示范县创建期间，湄潭县以政府为主导，着力提高农村客运通达深度和覆盖密度，扎实推动城乡客运一体化进程。通过原班线客运驾驶员入股公交企业、优先聘用为公交车驾驶员等方式，稳妥推进城乡公交改造；同时，坚持高标准、高规格、高水平实施，秉持"成熟一条，开通一条"的原则，做到"线路要畅通、票价要公开、站点要健全、服务要配套"，通过完善基础设施、统一车辆颜色、降低票价、提升服务质量等方式圆满完成了城乡公交一体化改造各项任务。

此外，湄潭县积极推动运游融合发展，建设了湄潭旅游集散中心，全力推动创建"国家全域旅游示范区"，发挥湄潭县农商旅互联有限责任公司、遵义田家沟万花源旅游发展有限公司等企业的作用，打造了一批文化体验、康体养生、自驾休闲、山地运动等旅游产品，启动田家沟、"天下第一壶"茶文化公园、中国茶海景区景点打造工作，完成了象山路至云贵山、湄潭县城七彩部落旅游公路建设。支持农村家庭经营小餐馆、小旅店，吸引城市居民进村入户体验农耕文化，促进乡村休闲旅游快速发展。

（三）融合发展，促进货运物流提质增效

湄潭县坚持统筹城乡交通运输协调发展，加快推进城乡交通基础设施的衔接和城乡交通运输服务的一体化建设，构建了"县为中心、镇为支点、村为终端"

的分层级、覆盖广、畅通便捷、经济高效的城乡一体物流网络体系，切实打通物流"最后一公里"。建设了集茶产业、电子商务和快递物流于一体的中国茶城快递产业园，打造了电商仓储物流配送中心，积极引进"四通一达"等物流企业，构建总部型物流基地和运营中心，推动传统运输、仓储等企业向第三方物流企业转型。采取"交通场站+运力+邮政快递+超市"的交邮融合发展模式，打通"工业品下乡，农产品进城"的双向快递物流通道，实现互利共赢、相融相长、耦合共生。目前，正在推进一个镇（街道）设立一个统一服务站，一个村至少设立一个服务点，服务点统一外装修、统一名称、统一配送，实现湄潭县内送货到家、上门收货等配送业务，真正做到便民利民，实现货物"门到门"服务。

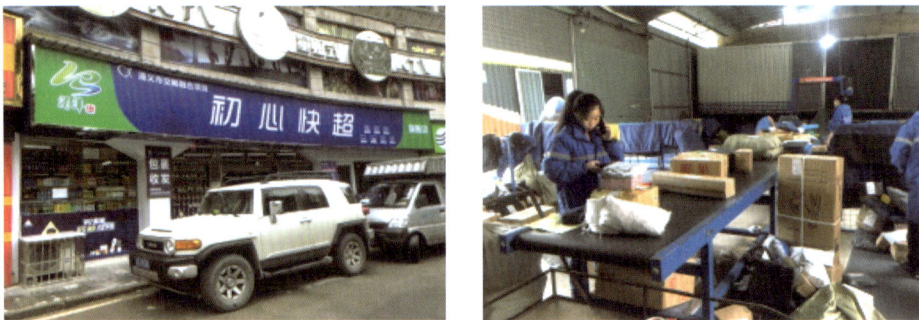

图43-2　交邮融合试点"初心快超"

三　取得成效

（一）城乡客运服务水平显著提高

实施城乡客运公交化改造，创新农村客运经营模式，构建"政府主导、多家经营、有序竞争"的格局，农村客运服务品质明显提升，城乡客运服务差距显著缩小。2018年以来，湄潭县陆续开通了湄潭县城至鱼泉、洗马、黄家坝街道（梭塘）等镇（街道）公交线路，完成距县城25公里范围内的农村客运班线公交化改造。开通了到官堰、七彩部落、田家沟、核桃坝等景点的旅游公交和到茶海、八角山等景点的旅客客运线路。对人流较少的自然村寨，开通赶集日农村班线客运，每逢赶集日调派起讫点到集镇的车辆到附近村寨运营，形成了"群众出行有车坐，客运经营者跑得起、留得住"的局面。

（二）交通运输服务脱贫攻坚效果明显

湄潭县始终把扶贫攻坚作为第一民生工程，坚定不移地履行交通运输服务脱贫攻坚的政治责任。积极开展农村公路修建，特别是通组路、串寨路的实施，实现老百姓出行都能走上水泥路、农副产品的上下行能到村到户的目标。在实现村村通客运的基础上，通过班线客运线路优化、发展城乡公交、提升客运信息化水平等措施，对具备通行条件的村寨，根据人流增减调派运营车辆，实现了偏远地区群众到镇、县有车乘，为脱贫攻坚提供了坚实的基础。

44 宁夏回族自治区中卫市沙坡头区：
深入推进"三个融合"，支撑城乡高质量发展

一 基本情况

　　沙坡头区隶属宁夏回族自治区中卫市，位于宁夏回族自治区中西部，地处宁夏回族自治区、甘肃省、内蒙古自治区交界地带。全区总面积为6877平方公里，辖11个乡镇、162个建制村和36个社区，2021年末常住人口为40.2万人。近年来，为高质量、高标准完成城乡交通运输一体化示范创建工作，中卫市和沙坡头区建立市、区两级工作汇报联席机制和督办考核机制，形成创建工作合力，同时发力，始终贯彻"跳出交通看交通""跳出交通发展交通"的思路，沙坡头区将"交通+扶贫""交通+邮政""交通+旅游"有机结合起来，打造外通内联、通村畅乡、客车到村、安全便捷的城乡运输服务体系，为城乡融合高质量发展提供了有力支撑。

二 主要做法

（一）加快推进交通基础设施建设

　　一是农村公路安全畅通。在示范县创建期间，投资1.99亿元完成农村公路升级改造项目49个，治理隐患里程356.99公里（含危桥改造10座）。截至2019年底，沙坡头区农村公路等级路率为100%，农村公路优良中等率达75.53%，治理农村公路安防路段隐患里程356.99公里，完成生命安全防护工程356.99公里。

　　二是综合交通枢纽"聚沙成塔"。沙坡头区建成高速铁路中卫南站客运枢纽和沙坡头旅游客运枢纽，目前沙坡头区共有大型客运枢纽4个，所有客运枢纽与城市公交站点的换乘距离均小于300米，为群众提供"零距离"换乘体验。新建

沙坡头机场、牛滩、滨河、柔远和滨河二期停车场等公交首末站，改建了公交站亭，打造了以沙坡头区为中心的市域快捷通勤圈。

三是加大新能源产业示范引领。加大新能源汽车在公交、旅游、物流配送、公务车等领域的推广应用，在示范县创建期内，沙坡头区投资3480.46万元实施新能源充电基础设施项目7个，建设大型充电桩278个，有效满足了辖区新能源汽车充电需求。截至2019年底，共投入6000余万元购置新能源公交车54辆，为城乡交通运输绿色可持续发展奠定了坚实基础。

（二）大力提升城乡客运服务水平

一是推进城乡客运线路优化。以现有城市公交线网为基础，沙坡头区持续调整优化城市公交线网。截至2019年底，辖区内城市公交线路总计13条，车辆282辆；城乡道路客运线路总计32条，车辆347辆；公交化运营的农村客运线路共计19条，车辆65辆，建制村及社区通客车率达100%。沙坡头区采取向公交企业购买公共交通服务方式来为居民出行提供服务。2014年至2020年，区财政累计补助公共交通资金1.445亿元，年均公共交通补贴资金占沙坡头区地区生产总值的1.9%，为居民提供"免费乘坐"优惠，乘客满意度达到86.54%。

图44-1 沙坡头区新能源公交车辆

二是深化智能公共交通系统建设。沙坡头区投入资金538.77万元，建设公交"一卡通"和智能公交调度系统，公交车全部安装监控系统，对运营车辆进行全天候动态监控与预警。辖区内273辆城乡道路客运车辆均安装动态监控设备，农村客运车辆动态监控设备安装使用率达100%。

三是强化城乡客运安全运营管理。以道路交通安全隐患排查及公共交通安全管理为重点，常态化联合多部门开展安全生产大检查和安全隐患大排查，农村班线线路存在的安全隐患全部整改完毕，客车农村公路安全隐患治理率达100%。

（三）强化交通与其他产业深度融合

一是把"交通+扶贫"结合起来。把交通扶贫工作作为示范县创建工作的重点任务，配套制定了交通扶贫工作方案，在宣和镇兴海、常乐镇康乐、永康镇党家水、迎水桥镇南长滩等11个重点贫困村实施交通扶贫项目32个，建成扶贫道路195公里，完成扶贫投资2.3亿元，所有建制村全部实现"两通"目标。

二是探索"交邮合作"新模式。引导运输企业通过战略联盟、资本合作等方式加强与邮政、快递企业的深度合作，打造"客货邮"融合示范线路3条、示范点20个，打通了服务农村的"最后一公里"，实现站场、线路、运力等资源共建共享。

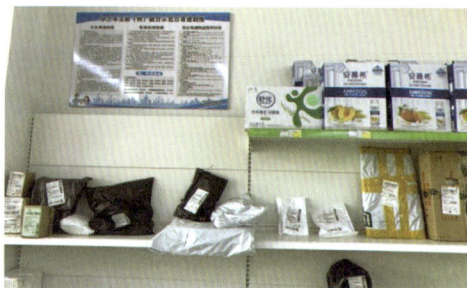

图44-2　客货邮融合发展示范点

三是推进"旅游+交通"融合发展模式。以旅游新镇集散中心为核心，新增旅游专线，不断提高旅游公交线路服务水平。将中卫市沙坡头区孟（孟家湾村）北（北长滩村）农村公路打造为网红路（66号公路），开发了经典旅游路线。

图44-3　沙坡头区孟北农村公路（66号公路）

三 取得成效

（一）在规划布局上实现了"一体化"

沙坡头区以增加城乡交通运输公共服务有效供给为目标，以促进交邮融合、产业联动、脱贫攻坚为指导，加强组织领导，突出规划设计，紧盯方案执行，加大财政支持，完善城乡交通基础设施，推进城乡交通运输协调发展，整体形成了"以城区为中心，以乡镇为节点，辐射所有建制村"的"路、站、运、邮"一体化协调发展的框架结构。

（二）在拓展外延中实现了"一体化"

沙坡头区把交通扶贫工作作为创建工作重点任务，实施交通扶贫项目32个，建成扶贫道路195公里，完成扶贫投资2.3亿元，全部建制村实现了"两通"目标。以全域旅游示范区建设为目标，沙坡头区开通了3条旅游公交专线，打造了旅游公路1条。以促进交邮融合、产业联动为指导，推进农村物流站场资源共享、运力资源共用、信息资源融合，通过创新体制机制、运输组织、合作模式等，不断完善县、乡、村三级节点服务网络，提高农村物流网络覆盖率和整体服务水平。

45 河南省禹州市：
客货邮融合发展，绘制城乡运输新画卷

一 基本情况

禹州市位于河南省中部，因大禹治水有功受封于此而得名。全市辖26个乡镇（街道）、678个建制村（社区）。近年来，禹州市委、市政府将城乡交通运输一体化建设作为城乡建设的重要抓手，大力推进城乡客运一体化及农村客货邮融合发展，形成以县级客货邮配送中心为依托、以乡镇客货邮综合服务站和乡镇交邮驿站为支撑、辐射到各村交邮服务点的农村物流快递三级架构模式，构建禹州市农村物流网络节点体系，促进客运、物流、快递、邮政、电商等融合发展。

二 主要做法

（一）强化资源整合，打造城乡客运"一张网"

近年来，禹州市大力实施骨干运输企业带动客运行业全面转型战略，构建"一市一网一公司"发展目标，把城乡客运和城市公交一并纳入公司化改造，由政府和社会资本合作，成立禹州市公共交通有限公司，对原有3家城市公交公司和6家城乡客运公司进行了整合，在全省县级市中率先实现"全域公交"，并按照新规划的城乡公交客运线路网络，实现了城市公交和城乡客运公司化运营、规范化管理。坚持"公交优先、城乡一体"发展理念，由市财政部门牵头，交通运输、发改等部门共同制定了公共交通成本规制实施办法和公共交通客运企业运营服务质量信誉考核办法，建立了规范化的城乡公交客运企业成本核定和服务质量考核机制。2016年至2021年，通过对禹州市公共交通有限公司进行运营成本审计及服务质量考核，共计核补政策性亏损补贴1.41亿元，发放运营服务质量奖励1595万元。城乡客运均等化水平和一体化水平的提升，使得群众满意度达98%以上。

（二）强化设施建设，下好城乡运输"一盘棋"

在示范县创建期间，禹州市启动了12项省道建设工作，新建、改建或整修省道170公里，共建设65公里市政道路和跨河桥梁2座，提升改造农村公路项目338个共计971公里，并完善了安保等附属设施。城区道路网已形成"一环、五纵、五横"的道路网骨架。同时，积极疏通城乡交通运输节点，提升改造了3个县级客运站、1个公交停保场、19个乡镇客运站，打造了4个综合服务站。此外，建设公交站亭站牌和城乡公交站亭站牌，所有建制村2公里范围内均设有候车亭或招呼站牌。

图45-1　禹州城乡公交车辆

（三）强化融合发展，绘制城乡运输"一张图"

一是加快节点建设。禹州市建设了华夏药材、康健医药、鸿展物流、商博城4个物流园基地，建成了禹州市电子商务公共服务中心，对电商进行技能培训、企业孵化等服务，重点培育发展了农村电商特色物流，以神垕镇、鸠山镇、花石镇的钧瓷、百货、粉条、模具等特色产品，成立专业的物流企业和公司，实现了物流快递配送全覆盖，打通了县、乡、村的物流通道，进一步提升了农村物流服务的直接通达和覆盖能力，健全了县乡村快递物流"最后一公里"的服务网络，有力支撑了药材、钧瓷、粉条等特色产业发展。

二是推进融合发展。以"客货邮"融合发展为契机，由禹州市公共交通有限公司与中国邮政集团有限公司禹州市分公司签订战略合作协议，依托公交线网覆盖面广、邮政网点覆盖率高的优势，以县级城乡客货邮分拣中心、镇级综合服务站和交邮驿站、村级交邮服务点为支撑，积极构建农村物流快递三级架构模式，采用"小件城乡公交捎带+大件货运班车运输"的模式，与其他物流企业合作。一方面，利用10条城乡客运线路车辆平峰期的空余运力捎带小件快递和邮件，承接市区到乡镇到村庄的上下行物流配送业务；另一方面，购置10辆货车，开通"零担货运"班线，承担县级分拨中心至乡镇的集中配送。逐步实现了节点共建共享、网络互联互通的目标，促进了客运、物流、快递、邮政、电商等融合发展。

图45-2　城乡客货邮融合发展

（四）促进多元服务，带动城乡产业"一条龙"

一是大力发展"交通+旅游"模式。以禹州市旅游产业转型发展为契机，以神垕古镇、鸠山大鸿寨景区、无梁周定王陵等旅游资源为依托，高标准打造了鸠神旅游通道，开通2条旅游专线和5条景区直达公交，既方便了群众出行，也促进了旅游业的发展。

二是重点打造"交通+特色产业"模式。在示范县创建期间，禹州市加快打造河南省中药材、钧瓷、汽车零配件物流中心，其中，神垕镇以钧瓷为主体，筹建物流配送基地，入驻物流企业5家，日发货量3000余件；顺店镇以戏服、模具、百货等地方特色为主，现有物流企业5家，日发货量100余吨；花石镇现有物流企业3家，以粉条、模具、铸件等为主向全国各地配送，日发货量80余吨。

三是积极推进"交通+电商经济"。禹州市通过完善县、乡、村三级物流网络节点体系，实现了建制村电商全覆盖，特色产品运输成本大幅降低，实现了老百姓"寄递不出村、购物不出村、销售不出村"，同时也为禹州市实施金融扶贫、精准扶贫、交通扶贫贡献了力量。

三 取得成效

（一）交通基础设施日趋完善

截至2021年底，禹州市已形成"一环、五纵、五横"的道路网骨架，城乡道路网络逐渐完善，全市公路通车里程达2610公里，城市道路总长超过165公里，公路网密度达到178公里/百平方公里，农村公路等级路率达100%；客货运场站一体化及配套设施逐渐完善，所有建制村2公里范围内均设有候车亭或招呼站牌，发布行经线路、发车时间、服务电话、监督电话、二维码等相关信息，城乡公交实现全覆盖。农村物流节点体系逐步健全，能够实现干线运输与县域内分拨配送有效衔接。农村公路养护管理水平全面提升，农村公路列养率达到100%，中等以上农村公路占比达86.9%。

（二）农村客运服务实现均等化

在示范县创建期间，禹州市公共交通有限公司对原城市公交和城乡客运企业进行了收购和改造，开通20条城市公交线路、26条城乡公交线路、17条农村客运线路，以"四好农村路"建设为契机，结合精准扶贫、全域旅游，大力实施城乡公路沿线环境整治、绿色美化亮化等提标工程，打造2条旅游专线，开通5条景区直达公交，极大地促进了旅游发展，实现了城市公交和城乡客运的公司化运营和规范化管理，打造了"全覆盖、低票价、一站式"的城乡一体公共出行服务网络。落实60岁以上老年人和伤残军人等特殊群体免费乘车优惠政策，城市公交执行1元票价、刷卡8折优惠政策，城乡公交执行阶梯低票价政策。特别是自"万村通客车提质工程"开展以来，禹州市开通城乡公交线路17条，在偏远农村实现"2元公交"，切实解决了山区居民出行难问题，赢得了沿线人民群众的广泛赞誉。

（三）客货邮一体化发展纵深推进

禹州市公共交通有限公司和邮政公司合作打造县级农村客货邮信息平台，以城乡公交线网为骨架，整合城乡公交现有运力资源，开通客货邮线路，并以乡镇综合服务站和交邮驿站为支撑，辐射到各村配送点的农村物流快递三级架构模式，构建了禹州市农村物流网络节点体系，实现了快递"乡乡有网点"、邮政"村村直通邮"、建制村电商全覆盖。利用城乡客运线路车辆捎带小件快递邮件，零担货运集中运输，承接市区到乡镇到村庄的上下行物流配送业务。截至2021年底，禹州市共开通10条"客货邮"线路，辐射全部乡镇和建制村，乡村覆盖率达到100%，每日班次20班，每日发送邮件2万余件。通过交邮合作取代了县乡邮路下乡的传统模式，解决了邮路串跑的劣势，大幅提升转运时限，打通了县、乡、村的物流通道，解决了乡村快递物流"最后一公里"问题。

科技创新助力篇

PART 4

46 山东省沂水县：
强化智慧交通建设，赋能运输服务提升

一 基本情况

沂水县位于山东省中南部、沂蒙山腹地，是历史文化古县、革命老区，也是"沂蒙精神"的发祥地之一。全县总面积为2414平方公里，下辖2个街道、16个乡镇，386个农村社区，2021年末常住人口为119.67万人。近年来，沂水县围绕城乡交通基础设施一体化、客运服务一体化、货运物流一体化和智慧交通四大工作重点，咬定目标，精准发力，强化措施，迎难而上，城乡交通运输一体化格局基本形成。

二 主要做法

（一）高位统筹协调，坚持规划引领发展

沂水县高度重视示范县创建工作，将城乡交通运输一体化示范县创建列入全县"125"重点工程中20件民生实事之一，每周一调度、每季度一点评。建立城乡交通运输一体化发展专项资金，纳入公共财政预算，予以统筹协调使用。对划拨用地目录内的实行划拨供地政策，每年保障不少于70亩的土地用于综合客运、物流、邮政快递发展等用地供应。近年来，沂水县编制了农村公路城乡交通一体化、城乡客运一体化、现代物流业等发展规划，强化规划的战略引领作用。

（二）城乡互联互通，提升基础设施水平

一是完善城区交通网络。落实城区道路网络建设计划，完成18条城区主次干

道的建设改造工作，城区路网进一步优化。建成2座特色大桥，设置公共自行车租赁点66处，投放公共自行车1160辆；设置电动租赁汽车站点32个，充电桩142个，投放电动汽车562辆，为广大居民出行提供了更加快捷、高效、舒适的交通条件。

二是补齐农村公路短板。大力推进"四好农村路"建设，实施农村公路"三年集中攻坚""交通扶贫""户户通"等工程，累计投资19.96亿元，修建改造农村公路1643公里，改造危桥22座，完成户户通工程800万平方米。截至2019年底，农村公路总里程达到3595公里，全部为四级及以上等级公路，等级路率达100%，优良中等路率达87%，农村公路乡镇通达率、通硬化路率、建制村通达率均为100%。

图46-1　新建成的县道泉重路

图46-2　美丽"四好农村路"

（三）保障群众出行，提升客运服务能力

一是完善站场布局。投资2000余万元，新建2处城乡公交换乘枢纽和2处乡镇客运站，改造完成11处乡镇客运站。新建652处城乡客运公交停靠站点，并设置便民服务二维码，1040个建制村在2公里范围内设置候车亭或停车站牌的比例达到100%。

二是完善客运服务体系。坚持公车公营，围绕城区、乡镇和农村三层出行群体，建立以城区公交、城乡公交、镇村公交为主体，以预约班车、定制公交、旅游专线为补充，衔接有效、布局合理、结构优化的全域公交一体化发展格局。新开通城市公交线路2条、镇村公交线路5条。在原有18条城乡公交线路的基础上，对5条城乡公交线路进行了适当优化、延伸，新开通环形公交线路，全县具备条件的乡镇和建制村通客车率达到了100%。打造交通+旅游融合发展模式，开通2条旅游专线，探索开通电话预约班车、节日班车、定制班车等个性化客运服务。建设沂水县公众出行信息服务平台，发布便民手机App。

图46-3　镇村公交

图46-4　旅游专线

三是加强交通安全保障。 沂水县出台了农村客运安全监管办法和农村道路客运班线通行条件联合审核机制，全面落实客运企业安全主体责任，加强安全应急体系建设，强化从业人员安全教育培训，切实提高客运安全管理水平。以城区为中心、以重点乡镇为节点，建设安全劝导站40处，城乡客运科技信息化应用水平不断提高，客运车辆动态监控车载终端安装率达到100%。

（四）服务城乡发展，完善物流服务体系

一是打造农村物流三级网络节点体系。 大力实施"枢纽沂水、物流八方"发展战略，全力构建区域专业物流节点城市，以传宝物流园为龙头，打造县、乡、村三级农村物流体系，打通要素流动的"最后一公里"，实现"工业品下乡、农产品进城"双向物流畅通、便捷、高效。建成县级分拨中心1个，在18个乡镇和街道布局物流配送站18处，乡镇物流场站设置率达到100%；建设村级物流网点2622个，农村物流服务覆盖率为100%。

二是开通农村物流专线班车。 按照"龙头带动、吸收整合、相互合作"的模式，全面构建县、乡、村三级农村物流网络，为产品流入流出打通"周身循环"，使生产要素流动迈上"快车道"。以传宝物流有限公司为龙头，通过"交

通+扶贫""交通+电商"等模式，开通了串联各乡镇服务站点的专线货运班车，实行定车、定线、定站发车，实现了货运班车化运行，真正打通了工业品下乡、农副产品进城的无缝衔接，解决了农村物流"最后一公里"的问题，有效提高了物流效率，降低了物流成本。

图46-5　镇级服务站	图46-6　农村物流班车

三是邮政快递服务能力显著提高。发挥邮政基础网络的综合公共服务平台作用，促进邮政、快递普遍服务，城区邮政服务中心等26处邮政网点增设代售高速公路ETC电子收费卡等充值服务项目。利用城乡客运班线，在马站镇、富官庄镇等乡镇客运线路上开设了小件物流快递业务，累计发送小件货物运输7.8万余件次。全县18个乡镇和街道邮政营业及快递服务网点全覆盖，建设邮政便民站1358处，全县建制村邮政覆盖比率达100%。

（五）强化科技支撑，数字监管再上台阶

一是大力实施智慧交通建设工程。为提升交通运输行业管理与服务信息化水平，增强交通运输行业管控和应急指挥能力，在客运车辆实现24小时不间断视频监控、货运物流电商平台实现自主研发的基础上，大力实施智慧交通建设工程。建成了集客运服务、行政执法、公路巡查、应急指挥等功能于一体的综合信息化指挥中心1处，视频监管、远程培训等系统已接入，利用行业监管数据库、服务查询数据库、车辆技术档案系统等数据库，实现智慧行政、智慧公路、智慧安监、智慧执法、智慧服务五位一体，真正开启沂水交通大数据时代。

二是依托公交巡查探索管养新模式。利用城乡公交车上的车载摄像机代为巡

查道路，降低道路养护巡查成本，提高道路管养科技水平，已处理路政、路赔案件18起。积极探索5G传输落地后，研发一套用于车载养护速度快、点位多、面积广的车载系统，实现实时路况动态监控，既解决了公车改革后缺少巡查车辆的问题，也提高了公路养护的科技水平，发现问题精准，解决问题及时。

图46-7　公交车辆"代巡查"模式

图46-8　交通信息指挥中心

三　取得成效

（一）城乡公交统筹发展，提高了客运服务水平

推行城乡客运行业"一县一网一公司"，开展城乡客运一体化改革，全面实行公车公营。沂水县城乡客运实现公车公营后，全县实现了规模化、公司化经营，标准化管理，达到了定线路、定班次、定时间、定站点、定票价，统一车型、统一调度、统一服务标准、统一管理、统一结算的"五定五统一"服务标准，切实让农村群众享受到了城乡均等的公共交通服务。

（二）物流服务体系完善，加速了货物流动效率

通过打造布局合理、功能互补的县、乡、村三级物流网络体系，城乡物流实现了快递到乡镇，邮政到村，初步形成了"县级货运站+乡村站点""农超对接""批发市场+宅配""线上+线下"等物流运作模式，实现了快递"乡乡有网点"、邮政"村村直通邮"、建制村物流点全覆盖的目标，使物流货运"无缝衔接"。与此同时，通过建设特色农村物流综合信息服务平台以及"把商品、服

务、信息快速输送到农村，再把农产品、劳动力、农业信息输送到城市"的双向供需平台，构建起了"双向高效、资源共享、服务便利"的现代化物流服务体系。

（三）城乡交通路网提质，助力了乡村产业振兴

沂水县始终坚持"脱贫攻坚、交通先行"，大力实施交通先行战略，以"四好农村路"为抓手，以城乡交通运输一体化示范县创建为契机，构建了一个覆盖面广、保障能力强的基础网络体系，实现了线路、场站、运输服务网络的建设与车辆装备的升级；形成了基础设施网络安全、畅通、智能化运营的管理体系，提升了客货运输服务发展的基础设施网络运营管理水平；形成了完善、高效、多元的农村公路养护和运营管理体系，全面提升了道路微循环能力，切实盘活了辖区内的旅游资源，为县域内产业发展提供了强有力的路网支撑，有效助力了乡村振兴，推动了地方经济发展。

47 湖北省远安县：推进智能化发展，筑牢城乡交通运输安全底线

（一）基本情况

远安县，隶属于湖北省宜昌市，位于鄂西山地向江汉平原的过渡地带，县域面积为1752平方公里，辖6镇1乡、117个村（居委会），2021年末户籍人口为18.77万人。近年来，远安县始终把城乡交通运输一体化建设作为践行"交通先行"战略定位、推进县域经济社会高质量发展的重要抓手，群众幸福感和获得感不断增强。

（二）主要做法

（一）以"破瓶颈、补短板"为突破口，构建全县路网新格局

一是突破交通融资瓶颈，打造高等级骨干路网。在湖北省交通运输厅结对帮扶并从资金项目上倾斜支持的基础上，远安县多渠道、多措施破解交通项目建设资金不足的瓶颈。在示范县创建期间，远安县累计投资17.5亿元推动以"一铁三路三桥"为重点的骨干交通项目建设，积极融入宜昌半小时经济圈。已纳入规划的襄宜高速公路过境远安，使远安成为宜昌、襄阳两个省域副中心城市的连接点；已建成通车的盘棚一级公路突破磷矿石运输瓶颈，助力"远安生态磷都"省级战略的深入推进；已建成通车的绕城一级公路和三座跨沮河大桥，实现了国省道绕城和客货分流，从根本上解决了城区交通拥堵、客货运输不畅的难题。

二是突破行政区域瓶颈，建立全域互联互通的农村路网。在示范县创建期

间，远安县提出了实现"全县20户或50人以上村民聚居地公路通达硬化、全县通村客运道路宽度达到4.5米、全县通村客运道路危险路段安防设施齐全达标"的"三个全覆盖"目标。对照目标，远安县对全县每条应修道路通达户主、常住人口逐户登记造册建档，在各村公示并经村民认可后上报县政府。由县政府直接下达建设计划，安排县级配套补助资金，作为乡镇考核一票否决硬指标强力实施。镇村积极筹措资金，作为项目业主负责建设实施和资金兜底。村民积极投工投劳，以无偿征山占地、主动服务等方式予以支持。经过县、乡、村合力攻坚，2017年底，全县顺利实现农村公路"三个全覆盖"。

三是突破全域旅游道路瓶颈，打造高标准的生态旅游路网。精准脱贫后，县委县政府抢抓乡村振兴和争创国家级全域旅游示范县的机遇，全面启动了"美丽农村路"建设。提出了"修一条公路、添一道风景、兴一批产业、富一方人民"的新理念，对全县重点景区至国省道的连通公路、专业旅游公路全部刷黑升级，新修15条高标准旅游路，将13大重点景区"一线串珠"，形成精品旅游环线、生态景观廊道、休闲旅游慢生活通道和国际马拉松赛道，全域旅游的交通瓶颈得到有效破解。2018年，远安县荣获湖北省"四好农村路"示范县称号。

图47-1　远安县构建全县路网新格局

（二）以整治理顺客运秩序为突破口，推进城乡客运一体化

一是规范客运市场秩序。针对三轮摩托车非法营运载客"顽疾"，远安县采取城区街道对三轮摩托车分年度逐步限行、引导从业人员转产就业等配套措施，全县600余辆非法营运三轮摩托车全部平稳、彻底、财政零补偿地退出营运市

场。开通宜昌至远安的城际公交，票价下降30%，市民出行更加安全、便捷、经济、舒适。远安县运用法律手段打击了非法营运，通过多手段的综合施策，全县城乡客运秩序全面理顺。

二是用城乡一体的公交体系补齐市场空白。远安开通城际、城区、城乡、旅游公交和农村校车，构建了四级公共交通服务体系。探索公车公营，由远安县人民政府国有资产监督管理局对远安县全运公共交通运输有限公司出资接管，实现公共交通事业政府主导经营。优化整合农村与城市客运资源，坚持边远山区农村客运和城市社区小公交微循环相结合，将闲置的农村客运资源及时补充到社区、郊区，并推动城乡公交向村级延伸，实现城乡公交一体化。开发了"远安掌上交通"App，实现了城乡公交和农村客运全覆盖。建立了县级财政对公共交通政策性亏损补贴的长效机制，全县城乡客运"开得通、留得住、安全有保障"。县政府筹资4000万元，对全县客运站场整合升级，建立县级客运中心，实行一个市场主体运营，一个客运中心中转，县城到村一车直达，市、县、镇、村四级公共交通无缝换乘。

图47-2　无缝换乘的城乡客运体系

三是用智慧交通的方式有效防范客运安全风险。远安县投资680余万元，开发安装了客运车辆智能4G动态监控系统，在全国率先将人脸识别技术运用到农村客运安全监管，对全县"两客一危"车辆实施全覆盖，实现了"四个自动"的智能化升级：对疲劳驾驶等五类危险驾驶行为，实现系统自动识别、自动提示驾驶员与乘客、自动向监控中心报警、自动录像取证。同时，建立了交通安全监控指挥中心，配备专职人员24小时监控，对危险驾驶行为实行"零容忍"。系统运行以来，全县"两客一危"驾驶员已连续20个月未发生一起五类危险驾驶行为，基本实现了零违法。

专栏47-1 远安县全力保障城乡交通运输安全

远安县通过建成全国首创的"两客一危"车辆4G智能动态监控系统，将全县64辆城乡客运车辆全部接入该系统，通过高科技手段，对疲劳驾驶、超速、超载、开车抽烟、接打电话等五类最易导致事故的危险驾驶行为自动识别、自动提示、自动报警、自动录像取证，实现了交通运输安全监管方式由人工到智能、由抽检到全过程监控、由事后追责到事前防范、由被动堵"火"向管理可控的四大转变。该系统运行以来，全县客运车辆已连续20个月无疲劳驾驶、开车抽烟、接打电话、超速、超载五类危险驾驶行为，基本实现了零违法的目标，解决了农村客运安全监管的"老大难"。通过大力推进乡镇交管站（办）、农村交通安全劝导站和乡镇交通安全员、农村交通安全劝导员建设、培训，健全农村交通安全防控网络，同时建立完善道路通行条件和农村客运线路联合审查机制，加强农村公路设施巡查，及早发现农村公路设施隐患，妥善处治。

（三）以打通物流"最后一公里"为突破口，实现村级物流全覆盖

一是政府创新引导，推动物流产业发展。县政府用物流站场项目扶持高能耗企业"退二进三"，转型建成晶品物流园，全县物流、电商、快递企业统一进入园区经营，整合全县快递业务，实行集中智能分拣、统一配送，积极引导县内规模以上企业成立专业物流运输公司12家，全县磷矿石、陶土、水泥等主要工业产品和原材料运输通畅。县政府与阿里巴巴签订战略合作协议，三年实现了全县村级农村淘宝全覆盖。县邮政公司发挥主力军作用，村村设有村邮点，全县工商注册登记的电商市场主体已达2000余家。

二是企业有效带动，辐射全县乡村。扶持培育了本地农村物流企业，建立了全县农村物流中心，利用农村超市、农村综合服务社、村邮站等，因地制宜地在全县7个乡镇建立了102个村级物流服务站点，实现了村级电商物流网点全覆盖。在"工业品下乡"上，县骨干物流公司组建了专业物流车队，每天按需给各村物流网点的农村超市循环补仓送货；在"农产品进城"上，将村级物流网点收购的

农特产品运回县农村物流中心仓储，利用定向开发的"正星优选"网上购物小程序，采取"线上+线下"双模式销售；在"快递进村"上，利用物流货车每天进村的运输资源，在不增加运输成本的基础上，为"四通一达"等快递企业带货到村。农村物流网点增加了收入，减少了超市库存和商品过期风险；快递公司降低了农村物流配送成本，解决了山区县市"最后一公里"物流难题；城乡居民在农特产品进城中得到实惠；物流企业在不断优化服务中得到发展壮大。

图47-3　农村物流服务站

（三）取得成效

（一）推动脱贫攻坚取得扎实成效

在示范县创建期间，远安县累计新建、改建、扩建农村公路1000公里，开通了城区城乡公交和校车，实现了村村通客车，城乡居民有车坐，学生安全有保障，解决了15万名山区群众和2.3万名贫困村民的出行难问题。

（二）促进了全域旅游持续繁荣

以生态旅游廊道建设为纽带，有序实施全域道路提档提质、绿化亮化、景观廊道等"六大工程"，实现了旅游廊道与国省道分流，本县和周边景区跨区域联网，景区、景点及特色村落环线串联，建成集城乡绿道、马拉松赛道、风景廊道、自驾游道于一体的生态绿道近400公里，形成串联优势景区群、生态产业带、旅游特色村的游览线路，"大环小圈、内连外引、快进慢游"的慢生活体验区正在形成。2019年至2020年，全县旅游接待人数、旅游综合收入年均分别增长20%、18.6%。2020年11月，远安县成功建成全国全域旅游示范区。

（三）有效破解了城乡交通拥堵难题

完善城区交通网络，建成了绕城路快速通道、矿山专用公路、串联各大景区的生态旅游廊道、环鸣凤山休闲慢生活通道，优化了城乡路网格局，实现了客货快速路分流、干线公路与城区街道分流、旅游路与生产生活道路分流，城乡交通拥堵问题基本解决，实现了市中心到所有乡镇45分钟全覆盖，到所有自然村90分钟全覆盖，半天可环绕所有乡镇一周，全县人民群众出行更加安全便捷。

（四）促进了乡村振兴战略的有序实施

围绕"米、菌、果、茶"等特色产业园区和示范基地，先后建设了老太、安石、花百、北万等一大批产业路，有力推动了鹿苑黄茶、瓦仓大米、远安香菇等特色产业的发展壮大。在此基础上，建立了覆盖各村的全县物流运输体系，助推了农村电商发展。目前，远安县内网店数量已位居宜昌市山区县首位。2020年，全县电商交易额82.7亿元、同比增长11.4%，带动8000余人创业、就业。

48 广东省紫金县：
特色平台新驱动，助力山区脱贫奔小康

一 基本情况

紫金县位于广东省东中部，总面积为3635.13平方公里，80%以上面积为山地、丘陵，是典型"八山一水一分田"的山区县。全县下辖16个镇、245个村、25个社区，2020年末常住人口为46.91万人。在示范县创建期间，紫金县委、县政府将城乡交通运输一体化建设作为乡村振兴的重要抓手，按照"政府主导、部门合力、统筹推进"的思路，共落实财政资金2407.4万元，着力打造"四好农村路"、城乡客运综合服务站、"村长伯伯"农村综合运输服务平台等，加快建设城乡交通运输基础设施，不断提升客货运输发展水平；同时，采取县财政配套奖补一点、村民自筹一点、外出乡贤捐助一点、帮扶单位支持一点、新农村建设整合一点、一事一议奖补一点的"六个一点"办法，共多方筹集建设资金约9亿元，有力推动了示范县创建的顺利实施，为城乡脱贫奔小康发展走出了新思路。

二 主要做法

（一）坚持"四位一体"，建设衔接顺畅的城乡交通设施网络

持续推进农村公路建管养运高质量发展，不断完善城乡交通网络体系。建设30公里"交通+旅游资源"和"交通+特色产业"扶贫公路，实现了全县主要旅游景点通达三级以上公路。实施窄路基路面拓宽改造工程，破解未通客车建制村道

路条件制约问题，重点完成省定精准扶贫村和未通客车的建制村300公里窄路基路面拓宽改造工程。实施自然村村道路面硬化工程，让群众出行更便利。重点完成225公里以省定相对贫困村为重点的200人以上自然村道路面硬化改造，按四级公路技术标准建设，路基宽4.5米，水泥混凝土路面宽3.5米。加强公路安全生命防护，让车辆通行更安心。重点完成300公里乡道以上等级的农村公路安全隐患路段治理和10座四、五类危桥的重建、加固，营造城乡客运安全运营环境，为打好脱贫攻坚战、实施乡村振兴战略打下了坚实的交通基础。

图48-1 紫金县"四好农村路"

（二）坚持服务均等，发展一体高效的城乡公共客运网络

优化提升城市公交服务保障能力，优化公交线网布局，新增和优化调整6条城市公交线路，合理引导城市公交向郊区、周边镇以及人口集散点延伸，逐年扩大公交线网服务范围和通达深度。加快车辆更新改造和升级步伐，在示范县创建期间，全县新增和更新公交车辆88辆，建立多元化的车型配置，合理配置中小巴车型，提高发车频率。与此同时，加快补齐建制村客运通达短板，通过现有城市公交线网延伸、农村客运公交化改造等方式，持续提升农村地区客运覆盖范围，新购置25辆7座小型客车，提供预约响应式农村客运服务，建制村客运班车通达率达到100%。此外，根据紫金县农村道路偏远、山路弯曲的特点，系统整合全县客运资源，将农村客运划分为四大片区，推行农村客运片区化运营，采取预约农村客运、隔日班、周末班、圩日班等灵活多样方式运营，有效解决农村群众出行"最后一公里"问题。

图48-2　农村客运车辆

（三）坚持集约高效，构建便捷畅达的城乡物流网络体系

围绕"降低物流费用、促进农产品上行"的目标，整合农村电商、货运物流等资源，建成1个县级快递物流仓储中心、整合7家快递物流企业，优化5条乡镇物流配送线路，新建16个镇级站点，新建180个村级站点以及物流配送点，实现建制村物流配送服务全覆盖。充分利用现有邮政寄递服务网络和资源优势，加强与城乡客运企业、农村零售店、村民委员会等邮件运输、寄递环节的合作，提高邮政寄递时效和便捷、安全程度。利用农村客货运站场等交通运输设施，建立仓储场地和小型邮件分拨中心，强化辖区邮件处理能力，2021年，全县已实现100%的建制村通邮服务。在此基础上，大力推进"一点多能、一网多用、深度融合"的农村物流发展模式，建设了紫城镇、蓝塘镇、义容镇综合服务站，建成集客运、物流、商贸、邮政、快递、供销、旅游服务等多种功能于一体的综合服务站。

图48-3　村级物流服务点

图48-4　综合服务站物流点

（四）坚持创新驱动，打造多业融合的特色综合服务平台

在示范县创建期间，紫金县积极探索"互联网+交通+农村资源"新型模式，因地制宜地开发农村资源，并以"互联网+"高科技信息技术和创新创业经营模式，通过引入社会资本，创新性地建设了"村长伯伯"农村综合运输服务平台，涵盖乡村旅游、乡村养老、农产品销售、乡村电商、定制旅游线路等功能，打造"农村旅运O2O+B2C的综合服务平台"，力求一站式解决农村"行玩吃住购"问题。

专栏48-1　"村长伯伯"农村综合运输服务平台

"村长伯伯"农村综合运输服务平台以农村旅运与物流为主，涵盖乡村旅游、乡村养老、农产品销售、乡村电商、定制旅游线路等业务，一站式解决农村"行玩吃住购"问题。现已开通河源到九和的旅运线路，对接苏宁、天猫等电商，充分利用农村客运的多余空间，将城市商品带到农村，将农产品带进城市。"村长伯伯"农村综合运输服务平台突破传统客运班车经营模式，采用圩日班车、早晚班车、节假日班车等更加灵活多样的形式开展农村客运。针对部分农村地区客源稀少、传统班车经营困难等问题，深化"互联网+"城乡运输服务，依托互联网平台，打造适宜农村地区出行的"定制客运"，满足不同需求。

图48-5 "村长伯伯"农村综合运输服务

三 取得成效

（一）有力支撑农村百姓脱贫奔小康

一是群众出行条件得到了极大改善。围绕脱贫攻坚，大力推进"红色"路、旅游路、产业路等主题农村公路建设，完成以特色小镇、新农村示范片为主题的凤安新村大道、九和旅游大道等5条县乡公路升级改造和村道路面硬化435公里，贫困地区群众出行条件得到极大改善，为山区农民出行和脱贫奔小康提供了更好保障。

二是电商物流极大带动了脱贫致富。随着农村公路的互联互通，茶叶、春甜橘、蜜柚、百香果、草莓、葡萄、梅李等特色农产品种植基地不断涌现。以建设"国家级电子商务进农村综合示范县"为契机，围绕"一个中心、四大体系"（即县级电子商务公共服务中心、农村电商公共服务体系、农产品供应链体系、农村电商物流配送体系、电子商务培训体系）的思路，培育了壹点外卖、农品穗、宅优购、兆达到家等一批明星电商企业，推动了100多种特色农特产品上线销售，拓宽了特色农产品网络销售渠道，有效促进了农民增收。同时，坚持电商扶贫导向，以省定贫困村和建档立卡贫困户为服务重点，全县54个省定贫困村的电商服务点覆盖率达100%，培训贫困人口50%以上（外出务工除外），使贫困户切实享受到电子商务发展带来的便利和实惠。54个相对贫困村集体收入超15万元，人均可支配收入由2016年的8100多元增加到2019年的15000多元；其中，贫困户人均可支配收入由2016年的4000多元增加到13000多元。

（二）有效提升山区群众出行便捷性

多年来，道路偏远、山路弯曲一直制约着紫金农村群众的出行，偏远地区群众从村到村、村到镇只能依靠摩托车出行，遇到刮风下雨天时，群众对出行更是望而却步。紫金县立足农村公路实际情况，创新运营模式，由2家客运企业开行7座小型车辆在片区内运营，采取预约农村客运、隔日班、周末班、圩日班等灵活多样方式运营，覆盖全县245个建制村，为农村群众提供便捷、优质的乘车服务。自投入45辆镇村客运小型车辆后，农村老人在家门口乘车到镇级卫生院看病、学生乘车上学、农户捎带农产品等问题得到了有效的解决，乡镇30万人的便利出行和安全出行得到了有效的保障。人民群众从便利小型车里感受到了实实在在、真真切切的获得感和幸福感。

图48-6　农村群众乘车现场

（三）有序整合资源推动农村大发展

在紫金县九和镇金光村，"村长伯伯"农村综合运输服务平台通过整合互联网、农村旅运、电商物流及传统交通运输等资源，带动了红肉蜜柚、南药等特色产业及农村电商、乡村旅游发展，为红肉蜜柚和药材种植等特色产业提供了支撑，提高了当地农民收入，农民人均可支配收入从2016年的6500多元增长至2019年的20144元。

49 贵州省都匀市：
加强科技创新，打造人民满意城乡交通

一 基本情况

都匀市是贵州省黔南布依族苗族自治州的首府，总面积为2285平方公里，2021年末常住人口为52.97万人，其中少数民族人口占总人口的65%。近年来，都匀市坚持"城乡统筹、资源共享、路运并举、客货兼顾、运邮结合"的原则，将城乡交通运输一体化示范县创建工作写入政府工作报告，并将村村通公路、村村通客运、乡乡通公交等指标列入小康指标监测体系，形成了城乡客货运协调发展、网络衔接顺畅、政策保障到位、服务质量提升、人民满意的一体化交通运输发展新格局。

二 做法经验

（一）坚持政府引导，稳步推进市场运作规范管理

在城乡交通运输一体化建设推进过程中，都匀市在市政府统一领导下，发展和改革局、财政局、交通运输局等十八个部门各司其职、各负其责、精心实施，构建了全市上下共同推进城乡交通运输一体化建设的良性工作机制，明确了责任分工，形成了工作合力。并始终坚持"市场运作、规范管理"的原则，兼顾各方合法利益，切实尊重并保护原有运营者合法正当权益，同时兼顾企业运营负担，保证改革顺利平稳进行。2018年，都匀市将城乡交通运输一体化示范县创建工作写入政府工作报告，并将村村通公路、村村通客运、乡乡通公交等指标列入小康指标监测体系，主动接受省、州、市三级政府的监督考核。

（二）坚持规划引领，筑牢城乡交通基础路网建设

立足城乡发展，统筹城乡交通基础设施、客运、货运物流、邮政快递建设，都匀市制定了城乡公交及交通运输一体化基础设施建设规划、农村客运场站建设计划等20余项规划和方案，形成了完备的城乡交通运输一体化规划体系。在系列规划引领下，推动形成了"2688"城市骨干路网结构，建设完成高速公路97公里，完成G321等109公里国省道公路建设。在示范县创建期间，都匀市投资5602万元完成县乡道超龄油路大修48公里，实施县乡公路提质改造工程87公里，建设撤并建制村通硬化路441公里，实施农村"组组通"公路446公里，实施窄路基加宽项目120.8公里、"畅返不畅"工程28.7公里、危桥改造工程28座，危桥库全部"清零"，有力支撑了城乡交通运输的一体化发展。

（三）坚持结构优化，推动城乡公交一体化

围绕公共交通优先发展，都匀市积极推进城乡客运结构调整，全力打造全域公交，制定了城乡公交客运一体化改革实施方案、城乡公交客运一体化线路规划方案、城乡公交一体化发展资金筹集方案、城乡公交一体化的准入和退出机制、农村道路客运班线安全通行条件联合审核机制、城乡公交线路优化进度表等，对具备改造条件的线路、车身统一全部喷绘成具有都匀市城乡公交外观的城乡公交车，大力实施城乡客运公交化改造，城乡客运已全部实现公交化运营。2018年起，都匀市财政每年划拨1500万元作为城乡公交客运一体化改革工作专项资金，并将以后每年度城乡公交客运一体化改革工作实际支出需要纳入财政预算。

图49-1　都匀市城乡公交车辆

（四）坚持深度融合，实现客货兼顾运邮结合发展

一是探索客货邮融合发展。都匀市客运总站率先开展小件快递业务，以车站为网点，客运车辆为载体，开辟"运邮结合"业务，实行"站站发货"制，在此基础上将原来到站收发的快递服务进行延伸，实现都匀市内送货到家、上门收货与配送业务，真正做到便民利民，实现货物门到门服务。在示范县创建期间，都匀市完成坝固客运站、墨冲客运站完成升级改造，打造功能集约的农村物流服务，都匀市客运总站小件快递保持在平均每年9万余件。

图49-2　客货运输服务站

二是推进运游融合发展。都匀市坚持"三园三线两城"的旅游发展布局，推进旅游产业提质增效五年行动。加快都匀旅游集散中心建设，全力推动创建国家全域旅游示范区建设。发挥好都匀市旅游文化投资发展（集团）有限公司的作用，打造一批文化体验、康体养生、自驾休闲、山地运动等旅游产品。在示范县创建期间，将杨柳街至斗篷山、都匀甘塘至斗篷山、都匀螺丝壳养鸡场至四方滩、都匀团寨至螺丝壳、团山至桐州、都匀江洲至河阳6个旅游公路项目整合为"都匀云中茶道"旅游公路，建设里程达136公里，实施启动都匀团寨经螺丝壳至辣子关旅游公路28公里、杨柳街至斗篷山公路调整为化肥厂至边江公路5.6公里，建设完成螺蛳壳高寨水库环湖路9.8公里、S205冷风坳至银石公路16公里。实施"旅游+""生态+"模式，支持农村家庭经营小餐馆、小旅店，吸引城市居民进村入户体验农耕文化，促进乡村休闲旅游快速发展。

三是推动物流电子商务发展。联合阿里巴巴跨境电商，推动电子商务企业

发展壮大，推进了中国物流（都匀）国际峰会市场化办会，举办了2018都匀毛尖（国际）茶人会、第五届中国物流（都匀）国际峰会，全面提升了都匀市在国内外的知名度、美誉度。

（五）坚持技术创新，依靠互联网助力脱贫攻坚

一是构建大数据交易平台。都匀市严格落实大数据、大扶贫、大生态战略，积极推进城乡服务一体化，推进精准扶贫，都匀市政府制定了发展冷链物流业助推脱贫攻坚三年行动方案，构建起了大数据交易平台、冷链物流体系，在助推绿色优质农产品销售"泉涌"上起到重要作用。2018年，都匀市制定电商奖励扶持政策，每年财政拨付200万元电商扶持资金，用于支持企业电商平台建设，奖励发展较好的企业。此外，在绿荫湖无水港物流园设立了扶贫商品交易专区、粤港澳大湾区菜篮子产品配送中心、名优特农产品展示区等，有力推动了农产品出山，促进农民脱贫致富，有效助力脱贫攻坚。

二是推广应用"通村村"平台。2018年，都匀市结合自身实际，将"通村村"平台推广应用作为全市脱贫攻坚重点工作任务来抓，利用大数据为群众出行提供班车（公交车、出租汽车）实时查询与呼叫、包车、农村小件物流、班车时刻表、一键呼叫客服、投诉咨询等服务，实时掌握客运车辆信息、出行需求，对行车过程全程监控，真正实现了"车"和"人"的数据互联互通，有效解决了农村群众出行难，农货出山入山难等问题。同时，市财政划拨38.47万元作为"通村村"农村出行服务平台工作专项经费，并在以后每年都按照平台实际支出纳入财政预算。

三 取得成效

（一）客货运邮融合发展成效显著

都匀市以完善城乡交通基础设施，推进城乡交通运输协调发展，实现基本公共服务均等化为目标，坚持"城乡统筹、资源共享、路运并举、客货兼顾、运邮

结合"，补齐城乡交通运输发展短板，实现了100%村村通客运、城乡客运公交化率达90%的目标，利用"通村村"服务平台及邮政服务体系，打造了贯通县、乡、村的农村快递服务网络，发挥邮政服务在寄递中的基础性作用，建设"多站合一"综合服务站点，扩大了"快递进村"覆盖范围，解决农村地区快递收投"最先和最后一公里"。真正让人民群众共享了交通运输改革发展成果。

（二）交通运输助推脱贫攻坚取得实效

都匀市推进"交通+特色产业"扶贫，"互联网+黔货出山"扶贫，基本形成了内联快捷、外联顺畅、互联互通的公路网络，提升农村地区的运输服务水平，极大地改变了人民群众的生产生活方式，有力地助推了脱贫攻坚，带动了地方经济又好又快发展。2019年，都匀市脱贫攻坚农村"组组通"公路工程共计236个，446公里全部完成，实现30户以上自然村通硬化路、村村通客运的目标，圆满实现了全市贫困人口全部脱贫、贫困村全部出列的目标，消除了绝对贫困。

（三）政策与示范工程叠加效应得到凸显

都匀市城乡交通运输一体化建设形成了"部-省-州-市"联合共建的良好格局，有力地促进了创建目标的实现。在示范县创建期间，都匀市获得"2017年度全国新型城镇化质量百强县市"、全国流通领域现代物流示范城市、贵州省"四好农村路"示范县、贵州省"公交优先示范城市"、贵州省农村公路管理养护先进单位等荣誉称号，政策与示范工程的叠加效应在都匀市得到充分体现。